新时代地方院校
"三全育人"综合改革理论与实践

张振飞　李雯雯　等◎著

光明日报出版社

图书在版编目(CIP)数据

新时代地方院校"三全育人"综合改革理论与实践 /
张振飞等著. -- 北京:光明日报出版社,2025. 2.
ISBN 978 - 7 - 5194 - 8546 - 7

Ⅰ. G641

中国国家版本馆 CIP 数据核字第 2025HJ1484 号

新时代地方院校"三全育人"综合改革理论与实践
XINSHIDAI DIFANG YUANXIAO "SANQUAN YUREN" ZONGHE
GAIGE LILUN YU SHIJIAN

著　　者:张振飞　李雯雯 等	
责任编辑:刘兴华	责任校对:宋　悦　乔宇佳
封面设计:中联华文	责任印制:曹　净

出版发行:光明日报出版社

地　　址:北京市西城区永安路 106 号,100050

电　　话:010-63169890(咨询),010-63131930(邮购)

传　　真:010-63131930

网　　址:http://book. gmw. cn

E - mail:gmrbcbs@ gmw. cn

法律顾问:北京市兰台律师事务所龚柳方律师

印　　刷:三河市华东印刷有限公司

装　　订:三河市华东印刷有限公司

本书如有破损、缺页、装订错误,请与本社联系调换,电话:010-63131930

开　　本:170mm×240mm			
字　　数:149 千字		印　　张:15	
版　　次:2025 年 2 月第 1 版		印　　次:2025 年 2 月第 1 次印刷	
书　　号:ISBN 978 - 7 - 5194 - 8546 - 7			
定　　价:78.00 元			

序　言

　　思想政治工作是高校的生命线。培养德智体美劳全面发展的社会主义事业建设者和接班人，对新时代高校思想政治提出了新的更高要求。党中央高度重视高校思想政治工作，召开全国高校思想政治工作会，出台《关于加强和改进新形势下高校思想政治工作的意见》，研究部署高校思想政治工作。党的十八大以来，习近平总书记在多个场合，多次对高校思想政治工作做出重要论述，明确提出要把思想政治工作贯穿教育教学全过程，形成全程、全方位育人格局。习近平总书记的重要论述为做好新时代高校思想政治工作提供了根本遵循和行动指南。

　　"三全育人"，即全员育人、全过程育人、全方位育人，是高校思想政治工作的重要抓手。按照党中央的部署，教育部实施《高校思想政治工作质量提升工程实施纲要》，开展"三全育人"综合改革试点工作，大力提升高校思想政治工作质量。各地各高校结合实际，以综合改革为动力，以试点工作为契机，推动思想政治工作提质增效。本书作为"三全育人"综合改革的理论和实践成果，即在此背景下形成。

新时代地方院校"三全育人"综合改革理论与实践，对标新时代高校思想政治工作的新要求，落实"三全育人"综合改革的安排部署，立足地方院校育人实践，对新时代地方院校"三全育人"综合改革的理论与实践相关问题进行了探讨。本书共分为五章，分别讲述了"三全育人"的背景与现状、内涵与价值、机制与保障、体系与构建、未来与展望等，比较全面系统地回答了"三全育人"是什么、怎样实施、有何工作要求、取得了哪些实践成果、未来发展趋势等。

本书作为重庆科技大学"三全育人"综合改革试点成果之一，同时也是重庆市教委人文社会科学研究项目：中华优秀传统家文化的当代德育价值及实现路径研究（项目编号：25SKGH214），中国冶金教育学会教育教学研究项目：基于"三全育人"的新时代地方行业高校大思政格局构建研究（项目编号：YJJY2024016YB）成果，由学校一批从事思想政治工作和党务工作的中青年教师共同编写。张振飞同志策划统筹，组织拟订提纲，并参加编著与统稿。具体分工为，第一至三章由张振飞同志负责撰写，第四章由李雯雯、王碧恒、王卉蕊、白翠翠等同志负责撰写，第五章由李雯雯同志负责撰写。

本书可作为高校教育工作者，特别是思想政治工作者和党务工作者的学习和工作用书，也可作为理论研究的参考用书。本书学习借鉴了国内外专家学者和同行的相关成果，由于涉及人员较多，恕不一一列举，谨表衷心感谢。由于水平有限，时间仓促，内容难免存在差错，敬请各位读者批评指正，在此致以崇高敬意。

目 录
CONTENTS

第一章

背景与现状

第一节 "三全育人"的提出背景

"三全育人"即全员、全过程、全方位育人，是新时代加强和改进高校思想政治工作的重要举措。党的十八大以来，以习近平同志为核心的党中央高度重视高校思想政治工作，先后召开一系列会议，印发一系列文件，出台一系列举措，有效推动了高校思想政治工作提质增效。2016 年 12 月 7 日至 8 日，全国高校思想政治工作会议在北京召开。习近平总书记出席会议并发表重要讲话。他强调，高校思想政治工作关系高校培养什么样的人、如何培养人以及为谁培养人这个根本问题。要坚持把立德树人作为中心环节，把思想政治工作贯穿教育教学全过程，实现全程育人、全方位育人，努力开创我国高等教育事业发展新局面。① 2018 年 9 月 10 日，全国教育大会在北京召开。习近平总书记出席会议并发表重要讲话。他强调，坚持中国特色社会主义教育发展道路，培养德智体美劳全面发展的社会主义建设者和接班人。② 2017 年 2 月，中共中央、国务院印发《关于加强和改进新形势下高校思想政治工作的意见》（以下简称《意见》）强调指出，加强和改进高校思想政治工作，事关办什么样的大学、怎样办大学的根本问题，事关党对高校的领导，事关中国特色社会主义事业后继有人，是一项重大的政治任务和战略工程，明确提出坚持"全员、全过程、全方位育人"。2018 年 5 月，教育部办公厅发布《关于开展"三全育人"综合改革试点工作的通知》指出，要构建内容完善、标准健全、实施科学、保障到位，成效显著的高校思想政治工作一体化管理体系，形成"三全育人"的工作新格局。习近平总书记的重要讲话为高校思想政治工作指明了方向，明确了要求，提供了根本遵循，为"三全育人"提供了重要的思想基础。同时，"三全育人"综合改革作为新时代高校思想政治工作的重要抓手，既是时代和实践发展的要求，也是高校思想政治工作规律的必然。

---

① 习近平在全国高校思想政治工作会议上强调：把思想政治工作贯穿教育教学全过程 开创我国高等教育事业发展新局面 [EB/OL]. 中华人民共和国教育部网站，2016-12-08.

② 习近平在全国教育大会上强调：紧紧围绕立德树人根本任务 朝着建成教育强国战略目标扎实推进 [EB/OL]. 中国政府网，2024-09-10.

一、世界之变

当今世界正处于百年未有之大变局。经济全球化促使国际贸易、投资、金融等领域不断发展，各国经济之间的联系和互动日益加强。这种趋势既带来了机遇，也带来了挑战。伴随着政治多极化，新兴市场国家和发展中国家群体性崛起，国际力量对比正在发生深刻变化，单边主义、保护主义、霸权主义等思潮时有抬头。与此同时，科技革命带来的社会信息化，特别是信息技术的发展和应用正在深刻改变人们的生活方式和社会结构。互联网、大数据、人工智能等新兴技术的普及和应用，使得信息传播更加迅速、便捷，同时也带来了一些新的挑战。随着全球化的深入发展，不同文化之间的交流和融合也日益加强。文化多样化成为当今世界的另一个重要特征，人们需要尊重彼此的文化差异，推动文化交流互鉴，促进人类文明进步，成为各国各民族面临的重要课题。此外，当今世界面临着各种安全挑战，如恐怖主义、网络安全、气候变化等。我们应加强合作，共同应对，维护世界和平与稳定依然任重道远。

随着全球化的不断深入和科技的飞速发展，世界正在经历前所未有的变革。这种"世界之变"不仅改变了国际政治、经济和文化格局，也对教育领域产生了深远的影响。教育作为党之大计、国之大计，肩负着培养德智体美劳全面发展的社会主义建设者和接班人的重要任务。在这样的背景下，"三全育人"理念应运而生。第一，全球化与多元文化的冲击。全球化进程加速了不同文化之间的交流与融合，使得世界日益成为一个"地球村"。然而，这也带来了多元文化的冲击，使得学生在面对不同文化观念和价值观时容易产生困惑和迷茫。这就要求教育不仅要传授知识，更要培养学生的跨文化交流能力和批判性思维，以帮助他们正确应对多元文化的挑战。第二，科技革命与知识更新的加速。科技革命带来了知识更新的加速，使得传统教育模式难以适应新时代的需求。学生需要掌握的不再是固定的知识体系，而是如何获取、整合和创新知识的能力。这就要求教育必须转变观念，从注重知识传授转向注重能力培养，特别是创新能力和终身学习能力的培养。第三，社会变革与道德观念的转变。社会变革往往伴随着道德观念的转变。在市场经济和消费文化的冲击下，一些传统的道德观念受到挑战，而新的道德观念又尚未完全形成。这就容易导致出现道德失范和价值观混乱的问题，对学生的健康成长产生不良影响。因此，教育需要承担起道德教育的责任，引导学生树立正确的世界观、人生观和价值观。

二、时代之变

当前，我国正进一步全面深化改革，以中国式现代化全面推进中华民族伟大复兴。中国式现代化是高质量发展的现代化。党的二十大报告指出，高质量发展是中国特色社会主义的首要任务。习近平总书记强调，"新时代新阶段的发展必须贯彻新发展理念，必须是高质量发展"①。因此，必须始终坚持高质量发展这个主题，把创新摆在现代化建设全局中的核心位置，根据情势发展变化，对战略策略进行及时调整，加强对中远期的战略谋划，加快建设教育强国、科技强国、人才强国，在应对"时代之变"中掌握发展主动权。

随着社会的快速发展和产业结构的转型升级，社会对人才的需求发生了巨大的变化。传统的知识型、技能型人才已经不能满足社会的需求，而具有创新精神、实践能力和团队协作能力的复合型人才成为社会的紧缺人才。这就要求教育必须紧跟时代的步伐，调整人才培养的目标和方式，注重培养学生的综合素质和社会适应能力。为适应时代的变化和社会的需求，我国教育改革不断深入推进。从素质教育到新课程改革，再到高等教育普及化，每一次改革都旨在提高教育质量，培养更多优秀人才。而"三全育人"理念的提出，正是教育改革深入推进的重要成果之一。它强调了教育的全面性、全员性和全程性，旨在构建一个完整的教育体系，为学生的全面发展提供有力的保障。

正是在这样的时代背景下，"三全育人"理念的提出具有深远的意义。它强调了教育的全面性，注重学生的学术成就、身心健康、品德修养和社会责任等方面的培养；强调了教育的全员性，要求学校、家庭、社会等各方面的共同参与，形成德

---

① 坚定不移推进高质量发展［EB/OL］.人民网，2022-09-14.

育合力；强调了教育的全程性，要求德育贯穿学生成长的全过程。这样的教育理念不仅符合时代对教育的需求，也符合学生对全面发展的渴望。

三、历史之变

"三全育人"理念的提出是教育历史变革的必然产物。它继承了教育发展的宝贵经验，吸收了教育改革的创新成果，回应了社会对教育的需求和挑战。从历史的角度看，"三全育人"的提出背景可以追溯到多个重要的历史阶段和教育变革。在漫长的封建社会中，教育主要是为统治阶级培养官僚和士人，教育内容以儒家经典为主，强调道德教育和人文修养。然而，随着封建社会的瓦解和资本主义的萌芽，这种教育模式已经无法满足社会的需求。辛亥革命后，南京临时政府提出了"五育并举"的教育方针，即军国民教育、实利主义教育、公民道德教育、世界观教育和美感教育。这一方针的提出，标志着中国教育开始从封建教育向现代教育转型。新中国成立后，人民政府接管了旧中国的教育，开始了社会主义教育的探索。20世纪50年代，中国教育工会第一次全国代表大会提出"教书育人，管理育人，服务育人"的口号；针对正确处理人民内部矛盾的问题，毛泽东同志提出"思想政治工作，各个部门都要负责任。共产党应该管，青年团应该管，政府主要部门应该管，学校的校长教师更应该管"①，全员育人思想开始萌芽。改革开放以来，中国教育进入了快速发展的新阶段，提出并着力实施素质教育，注重培养学生的创新精神和实践能力。20世纪80年代中期，邓小平同志指出"要培养有理想、有道德、有文化、有纪律的社会主义四有新人"②。20世纪90年代，中共中央、国务院颁布了《关于深化教育改革全面推进素质教育的决定》。2004年8月，《中共中央国务院关于进一步加强和改进大学生思想政治教育的意见》颁布，2005年1月，胡锦涛同志在全国加强和改进大学生思想政治教育工作会议上明确指出了"加强和改进大学生思想政治教育是一项系统工程，必须把社会各方面的力量动员起来，把社会各方面的资源整合起来，使它们充分发挥作用、密切配合，形成加强和改进大学生思想政治教育的合力"。这些重要文件和讲话，为"三全育人"提供了重要的思想指导。2016年，习近平总书记在全国高校思想政治工作会议上指出，要坚持把立德树人作为中心环节，把思想政治工作贯穿教育教学全过程，实现全程育人、全方位育人，努力开创我国高等教育事业发展新局面，开启了"三全育人"的新征程。③

对高校而言，实现全员育人、全过程育人、全方位育人，就是要让育人在学校无时不有、无处不在，成为全体干部教师

---

① 中共中央文献研究室. 毛泽东文集：第7卷［M］. 北京：人民出版社，1999.
② 邓小平. 邓小平文选：第3卷［M］. 北京：人民出版社，2001.
③ 晓梅. 坚持立德树人 实现"三全育人"［EB/OL］. 人民网，2019-02-14.

无止境、不停歇的追求，成为衡量一切工作成效的根本标准，全力以赴把育人的事业做到极致，从而真正将立德树人的根本任务落到实处。"三全育人"综合改革是教育领域深化改革的一项重大创新举措。全员、全过程、全方位育人的目标强调了教育的本质属性，体现了高等教育立德树人的内在要求，契合了新时代全面发展型人才培养的客观需要，激活了高校实现内涵式发展的资源要素，具有重大理论和现实意义。

推进"三全育人"改革是高校落实立德树人根本任务的战略要求。党的十八大以来，习近平总书记高度重视高校党建和思想政治工作，做出一系列重要论断。他在出席全国教育大会、全国高校思想政治工作会议、学校思想政治理论课教师座谈会发表的重要讲话中多次强调，教育的根本任务是立德树人，高校的立身之本在于立德树人。只有培养出一流人才的高校，才能够成为世界一流大学。高校要健全全员育人、全过程育人、全方位育人的体制机制，把立德树人内化到大学建设和管理各领域、各方面、各环节。2017年，党中央正式将"坚持全员全过程全方位育人"作为加强和改进高校思想政治工作的五项基本原则之一。党的十九届四中全会进一步明确了"加强和改进学校思想政治教育，建立全员、全程、全方位育人体制机制"的目标要求，这也意味着党和国家将"三全育人"从资源要素的重新整合上升为体制机制优化再造的战略安排。

推进"三全育人"改革是构建更高水平人才培养体系的必要举措。围绕立德树人根本任务，我们确立了培养德智体美劳全面发展的社会主义建设者和接班人的人才培养目标。这一目标强调了"德"在人的全面发展过程中处于首要地位，而以成为"社会主义建设者和接班人"作为落脚点，说明在"德"的内涵中发挥统帅和灵魂作用的是政治认同和政治品德。政治素养是学生的核心素养。2016年12月，习近平总书记在全国高校思想政治工作会议上指出，"我国高等教育肩负着培养德智体美全面发展的社会主义事业建设者和接班人的重大任务，必须坚持正确政治方向。高校立身之本在于立德树人"。而"三全育人"改革设计的基本逻辑，就高校层面而言，正是强调要全面统筹办学治校各领域各环节各方面的育人资源和育人力量，一体化构建内容完善、标准健全、运行科学、保障有力、成效显著的思想政治工作体系，推动思想政治工作体系贯通学科体系、教学体系、教材体系和管理体系，发挥融入式、嵌入式、渗入式的协同育人效应，从而全面提升人才培养能力。

推进"三全育人"改革是推进高校治理能力和治理体系现代化的重要内容。"三全育人"改革是对高校育人机制、育人方法和育人模式的一次深刻变革。这要求高校要扭转重知识传授轻人格塑造、重教学科研轻思想教育的认识倾向，引导全体干部教师树立育人的政治自觉、思想自觉和行动自觉；要打破专业教育、管理服务与学生思政工作"条块分割"的格局，将思想政治工作与人才培养各环节结合起来，贯穿到教学、科研、管理、服务全过程；要改变育人工作设计不足、支持不够的情况，加强体制机制和工作队伍建设，促使政策、资源和力量往育人行为上汇聚、评价导向往育人实效上倾斜。这既是一次对学校现有治理体系的改革和重塑，也是一个理念革新、体制优化、能力提升的发展过程。这项改革对高校革除体制机制弊端，破解高质量发展难题，巩固"不忘初心、牢记使命"主题教育成果，解决主题教育期间检视发现的问题都具有重要作用。

第二节　"三全育人"的现实状况

"高校思想政治工作关系高校培养什么样的人、如何培养人以及为谁培养人这个根本问题。要坚持把立德树人作为中心环节，把思想政治工作贯穿教育教学全过程，实现全程育人、全方位育人，努力开创我国高等教育事业发展新局面。"①2016 年 12 月 7 日至 8 日，全国高校思想政治工作会议召开，习近平总书记出席会议并发表重要讲话。近年来，各相关部门和高校认真贯彻落实习近平总书记重要讲话精神，全国高校思想政治工作质量和水平不断提升，大学生思政教育成效显著，教师思政素质明显提高，各类思想文化阵地建设和管理扎实有

①　习近平在全国高校思想政治工作会议上强调：把思想政治工作贯穿教育教学全过程 开创我国高等教育事业发展新局面［EB/OL］. 中华人民共和国教育部网站，2016-12-08.

效。广大师生坚决拥护以习近平同志为核心的党中央，高度认同习近平新时代中国特色社会主义思想，对中国特色社会主义和中华民族伟大复兴中国梦充满信心。

一、"三全育人"综合改革主要成绩

（一）用习近平新时代中国特色社会主义思想铸魂育人成效显著

2016 年 12 月，习近平总书记在全国高校思想政治工作会议上指出，"我们的高校是党领导下的高校，是中国特色社会主义高校。办好我们的高校，必须坚持以马克思主义为指导，全面贯彻党的教育方针"。思想政治工作是高校各项工作的生命线，也是我国高校的办学特色和优势。各相关部门和高校深入学习贯彻习近平总书记全国高校思想政治工作会议、全国教育大会、学校思想政治理论课教师座谈会等重要讲话精神，把握主要遵循，推动高校思想政治工作高质量发展。

中央组织部、中央宣传部、教育部等部门统筹协调，采取有力有效措施，形成齐抓共管的工作格局：编写《习近平新时代中国特色社会主义思想三十讲》并制作配套课件，采用图文影音等形式精心设计，贴近高校师生思想实际和思政课工作实际；每年制定领导干部上讲台宣讲要点，推动 50 名国企领导进高校授课百场，遴选百名央企骨干担任校外辅导员，重点宣讲党的创新理论和路线方针政策；开展千万师生同上一堂课、"我们都是收信人"等活动，1500 多名高校负责人、院士等组成习近平总书记重要讲话精神讲师团，线上线下课堂有机结合；2019年起推出"最美高校辅导员""最美大学生"推选展示活动，创新"奋斗的我 最美的国"新时代先进人物进校园工作，开展"青春告白祖国"活动，校内校外育人联动长效机制逐步形成。《关于加强和改进新形势下高校思想政治工作的意见》《关于新时代加强和改进思想政治工作的意见》等纲领性文件相继印发，明确了高校思想政治工作主要目标和基本要求。《关于加快构建高校思想政治工作体系的意见》《关于加强高校党的政治建设的若干措施》《高等学校课程思政建设指导纲要》等系列文件密集出台，对高校思想政治工作做出全方位规划、制度化安排。①

（二）学校思想政治工作质量不断提高

习近平总书记强调，思想政治工作从根本上说是做人的工作，必须围绕学生、关照学生、服务学生，不断提高学生思想水平、政治觉悟、道德品质、文化素养，让学生成为德才兼备、全面发展的人才。② 全国高校紧紧围绕落实立德树人根本任务，加快构建高校思想政治工作体系，深入推进"三全育人"综合改革，不断推动思想政治工作改革创新，成效显著。2021年高校师生思想政治状况滚动调查数据显示，98.7%的学

---

① 河南省教育厅.《人民日报》连续两篇报道关注高校这件事儿！［EB/OL］. 河南省教育厅网站，2021-12-11.
② 习近平：把思想政治工作贯穿教育教学全过程［EB/OL］. 新华网，2016-12-08.

生表示"能将爱国情、强国志、报国行统一起来",越来越多的高校学生把远大抱负落实到实际行动中,用中国梦激扬青春梦,勇做走在时代前列的奋进者、开拓者。

(三)学校思想政治工作队伍建设成效明显

习近平总书记指出:"教师是人类灵魂的工程师,承担着神圣使命。传道者自己首先要明道、信道。高校教师要坚持教育者先受教育,努力成为先进思想文化的传播者、党执政的坚定支持者,更好担起学生健康成长指导者和引路人的责任。"①近年来,高校思想政治工作队伍兢兢业业、甘于奉献、奋发有为,为高等教育事业发展做出了重要贡献。各地各高校积极探索,建立了一支专职为主、专兼结合、数量充足、素质优良的思政课教师队伍。党政干部、共青团干部、各学科教师、辅导员等,作为高校思政工作的坚实力量,充分发挥积极性、主动性、创造性,引导学生扣好人生第一粒扣子。越来越多的高校党委书记、校长带头走进课堂,为学生讲课。广大高校辅导员积极参与培训,思政理论能力和实践水平显著提升。拓展选拔视野、抓好教育培训、强化实践锻炼、健全激励机制,随着各项举措落地落实,高校思政工作队伍后继有人、源源不断,展现出蓬勃的生机与活力。

---

① 习近平在全国高校思想政治工作会议上强调:把思想政治工作贯穿教育教学全过程 开创我国高等教育事业发展新局面 [EB/OL]. 中华人民共和国教育部网站,2016-12-08.

（四）高校党的建设全面加强

习近平总书记强调，办好我国高等教育，必须坚持党的领导，牢牢掌握党对高校工作的领导权，使高校成为坚持党的领导的坚强阵地。①

党中央修订印发《中国共产党普通高等学校基层组织工作条例》，各相关部门和高校党组织把抓好学校党建工作和思想政治工作作为办学治校的基本功，创新体制机制、改进工作方式，提高党的基层组织做思想政治工作能力。各高校党委加强对学校工作的全面领导，积极承担管党治党、办学治校主体责任，把方向、管大局、做决策、保落实。高校党的政治建设取得新发展，引导广大师生党员做到在党爱党、在党言党、在党为党。一是党对高校工作的全面领导更加有力。各高校普遍修订党委、常委会、校长办公会等制度，强化对学术组织、群团组织的政治领导，从体制机制、基层基础、关键环节上保证党的全面领导有机贯穿管党治党、办学治校全过程。二是基层党组织组织力显著提高。截至 2021 年，培育创建全国党建工作示范高校 20 个、标杆院系 199 个、样板支部 1655 个，辐射带动了党支部建设和思想政治工作质量整体提升。② 组织开展全国高校基层党支部书记网络示范培训，民办高校党支部书记培

---

① 习近平在全国高校思想政治工作会议上强调：把思想政治工作贯穿教育教学全过程 开创我国高等教育事业发展新局面［EB/OL］. 中华人民共和国教育部网站，2016-12-09.

② 冯刚，梅科. 深刻把握新时代深化"三全育人"建设的内在规律："三全育人"综合改革试点工作实施五周年回顾［J］. 青年学报，2023（3）：13-19.

训实现全覆盖。三是大学生党员发展质量得到保证。发展大学生党员工作成为高校党组织"对标争先"建设计划重要指标，高校普遍采取"两级党校、三次培训"等方式，有力促进了发展党员好中选好、优中选优。综合调查显示，93.6%的非党员学生认为，学生党员能充分或基本发挥先锋模范作用。①

二、"三全育人"综合改革主要经验

"三全育人"综合改革的生动实践，不仅取得了一系列实践成果、制度成果、理论成果，同时也取得了重要经验，这些经验成为思想政治工作持续创新的宝贵财富。

第一，坚持和加强党对高校思想政治工作的全面领导。习近平总书记指出，办好我国高等教育，必须坚持党的领导，牢牢掌握党对高校工作的领导权，使高校成为坚持党的领导的坚强阵地。② 坚持和加强党对高校思想政治工作的全面领导是推进"三全育人"建设的必然要求，是切实保证"三全育人"建设效果的重要前提。一是凝心聚力，切实推进制度机制建设。高校党委特别是试点单位党委始终将政治建设摆在首位，通过改进与优化相关制度确保党委领导核心作用的有效发挥，牢牢掌握"三全育人"建设的领导权、话语权，把稳政治方

---

① 冯刚，梅科.深刻把握新时代深化"三全育人"建设的内在规律："三全育人"综合改革试点工作实施五周年回顾［J］.青年学报，2023（3）：13-19.
② 习近平在全国高校思想政治工作会议上强调：把思想政治工作贯穿教育教学全过程 开创我国高等教育事业发展新局面［EB/OL］.中华人民共和国教育部网站，2016-12-08.

向。二是落实落细，扎实推进责任体系建设。试点高校党委以责任体系建设为重点，形成了全员认真负责、积极尽责、自觉担责的良好工作氛围，为推进"三全育人"建设提供了重要支撑。

第二，坚持内涵式发展的路径选择。各试点单位坚持内涵式发展的路径选择，立足"三全育人"的本质要求，在育人体系建构、育人动力培育以及育人质量提升等方面取得了一系列实质性进展。一是推进一体化育人体系建构。各试点单位根据《"三全育人"综合改革试点工作建设要求和管理办法（试行）》分别从宏观、中观、微观三个层面推进一体化育人体系建构，在省级层面统筹协调家庭、学校、社会三大育人场域形成育人合力，保障与促进育人资源在"大环境"中的科学调配和高效流通；在校级层面以构建"十大育人"体系为工作重点，以整体性、协同性为建设原则，积极整合高校内部育人力量，畅通育人过程，优化育人环境；在院（系）层面结合实际情况，以遵循育人规律、发掘育人元素、彰显育人特色为重点进行体系建构，在实际育人过程中依托体系优势增强育人效果。二是充分培育主体的育人动力。具体实践路径：通过科研立项、事迹表彰等举措激发育人主体的能动性；通过健全科学的评价机制帮助育人主体找准个人定位，实现以评促建、以评促改；通过构建完善的保障机制为育人主体提供动力支撑。三是持续关注育人质量提升。内涵式发展是提升育人质量的必由之路。各试点单位通过推动高校思想政治理论课建设内涵式发展、加强高校思想政治工作主阵地建设等途径为提升育人质量打下了坚实基础。

第三，坚持供给侧着力的建设思路。一是科学配置育人资源。各试点高校积极同社会各界探讨育人资源共建新模式，加强校企联合建立创业实习基地，依托城乡社区打造社会实践基地，联系爱国主义教育场所拓展第二课堂，扩大资源供给，极大丰富了"三全育人"的实践资源。二是改善优化育人环境。各试点高校以优化内外供给环境为出发点，加强课上与课下的双向建设，为学生营造良好的课堂氛围和校园环境；促进网上与网下的同向谐振，净化网络空间，维护网络意识形态安全，全力保障学生学习生活有序稳定；加强自在与自觉环境建设，在夯实自在环境建设的基础上根据实际工作需要有意识、有针对性地营造自觉环境，为"三全育人"建设提供必要支撑。三是有效转化育人成果。各试点单位在推进"三全育人"建设过程中形成了一批复制性强、推广性高、实际效果好的育人成果，通过相应措施使这些育人成果有效转化为供给产品。通过举行新闻发布会、举办经验分享座谈会等方式把一大批优秀的育人案例推广开来，成为供其他高校参考借鉴的模板；不断把"三全育人"建设中形成的可行经验上升为制度机制，在实践中进一步调整优化；积极推进育人效果显著、内部反响良好的考核机制、协同机制等的常态化、长效化建设，切实巩固育人成果。

三、问题与改进

面对新形势新任务，特别是对标中国式现代化对高质量人才的需求，"三全育人"工作还存在着一些问题和不足，主要表现在以下几个方面：一是在理念层面，部分学校和教育者仍坚持传统的以知识传授为主的教育理念，未能全面理解和践行"三全育人"的现代教育理念。二是在实践层面，全员育人要求学校、家庭、社会等多方共同参与，但现实中往往以学校为主，其他育人主体的作用发挥不够。三是在机制层面，缺乏完善的育人机制，如评价机制、激励机制、保障机制等，导致"三全育人"工作难以有效推进。四是在环境层面，社会上的不良风气和价值观对学校教育产生冲击，影响"三全育人"的效果。

针对存在的问题，各地各高校需要立足育人实践，科学把握思想政治工作规律，持续深化"三全育人"综合改革，不断实现"三全育人"理论创新、实践创新、制度创新、文化创新，切实提高新时代高校思想政治工作质量。一是要深化理念创新，全面践行"三全育人"理念。二是要加强协同育人，形成育人合力。三是要优化育人模式，提升育人质量。四是要完善育人机制，提供有力保障。五是要应对外部挑战，营造良好育人环境。

第二章

内涵与价值

第一节 "三全育人"的基本内涵

中共中央、国务院《关于加强和改进新形势下高校思想政治工作的意见》提出,坚持全员全过程全方位育人(以下简称"三全育人")。"三全育人"的现实意义在于办好中国特色社会主义大学,为中国发展特色社会主义社会培养德智体美劳全面发展的合格接班人和建设者。高校素质教育需以思政课为核心,通过思想政治理论课程的教学,引导学生树立正确的世界观、人生观和价值观。同时,高校也应该注重学生的实践能力培养,加大实践教学的力度。此外,高校还应该注重大学生的创新能力培养,鼓励学生勇于尝试、敢于创新,通过创新实践来提升自己的综合素质。

一、"三全育人"内涵与特征

(一) 内涵

"全员育人"是"三全育人"的第一个内涵,指的是全校师生都要参与育人工作。在这种模式下,教师和学生同等重要,教师不仅仅是知识的传递者,更是学生的引导者、教育者和陪伴者。学生也不仅仅是知识的接受者,更是育人的主体和实践者,只有全员参与育人,才能真正实现育人工作的全面性。"全程育人"是"三全育人"的第二个内涵,指的是在大学生的整个学习阶段中实施育人工作。全程育人工作贯穿于大学生的整个学习过程中,不仅仅是在课堂上进行,更应该在学生的课余时间、社会实践、实习等方面进行,只有在整个学习过程中实施育人工作,才能真正实现育人工作的全程性。"全方位育人"是"三全育人"的第三个内涵,指的是在大学生的各个方面实施育人工作。全方位育人工作不仅仅局限于学术方面,更应该注重学生的人格、思想、情感、社交等多方面的发展,只有在各个方面实施育人工作,才能全方位地实现育人工作。高校落实"三全育人"要树立新的育人目标,从注重学生的全面发展、实践能力、社会责任感等方面进行考虑,构建全员育人、全程育人、全方位育人的育人机制,从而助力大学生全面发展。

(二) 特征

"三全育人"是高等教育的一种新理念,它包含开放性、序参量、自主性三个层面特征。首先，开放性是"三全育人"理论的基础之一。开放性要求高校教育的主体、教育模式和学习方式都具有开放性特征，让学生有更多的机会和途径去接触和了解外部世界，拓宽视野，增强创新能力和创业意识。其次，序参量特征是"三全育人"理论的重要组成部分。序参量特征要求高校整合所有教育资源，以大学生的实际情况为依据调整教育安排，使学生在学习中得到更加个性化和全面的培养。同时，让学生在实践中规划自己的人生和职业发展道路。最后，自主性特征是"三全育人"理论的核心。自主性要求学生自主产生学习诉求，发挥大学生主观能动性。如此，学生才能发挥自己的潜力和特长，更好地适应社会发展的需要。

二、新时代高校"三全育人"的实施机理

（一）高校以立德树人为根本任务，"三全育人"满足了其内在要求

在推进教育改革与融合的过程中，高校将立德树人融入文化教育、社会实践、思政教育工作中，以实现"三全育人"教育模式目标。这一育人模式的目标充分借助了立德树人的发展诉求，实现三全育人教育模式。现如今，高校注重培养创新型复合型人才，坚持"德育为先、育人为本"的教育机制，在这个过程中，越来越多的高校将教育与产学并进，注重实践教育，让学生将所学知识应用到实际工作中去，这种教育引导式的教学方式，能够有效提高高校教育教学质量，鼓励学生积极

参与社会实践活动，以培养他们的社会责任感和创新能力。因此，三全育人是实现立德树人教育根本任务的内在要求。

（二）"三全育人"与高校思想政治工作有很强的契合性

对高校教育来说，思政教育是不可或缺的一部分。为了实现"三全育人"的目标，高校需要借助思政教育工作视角，推进思政教育在高校教育中的普及与融入。在高校教育中，思政教育应该是日常的、个人的。这意味着高校需要采用多种形式、多种手段来开展思政教育工作，包括课堂教学、社会实践、文化活动等。同时，思政教育也需要针对不同的学生个体差异，进行个性化的教育，满足不同学生的需求。为了形成"课程思政""三全育人"教育机制，高校需要制订相应的教育计划和教育管理体系，以确保思政教育工作的有效性和系统性。同时，高校也需要培养一支专业化的思政教育工作队伍，以提供更加专业、高效的服务。高校推进"三全育人"，能够以思政教育工作平台实现推进，并在高校教育领域中有机渗透与融入。这有助于大学生核心素养的培养，包括道德素养、智力素质、身心健康等方面。因此，"三全育人"与思想政治教育有较强的契合性，三全育人可以通过思政教育的落地实施，培养出优秀、全面发展的学生，为国家和社会的发展做出更加积极的贡献。

（三）"三全育人"顺应了新时代高校育人趋势

随着时代的变迁和社会的发展，人才的培养也需要不断地进行改革和创新。高校"三全育人"是一种新时代下的人才培养模式,它强调要培养一批具有健全人格、综合素质的应用型人才,而这种人才培养模式应与高校的育人模式相一致。第一,"三全育人"注重培养新时代人才的健全人格和全面素养、注重深入推进立德树人教育理念。第二,"三全育人"能够帮助高校实现跨时空、全要素、跨国际的人才培养,有助于培养学生的综合素质和国际视野。第三,"三全育人"有助于实现高校课程教育的优化与革新。"三全育人"是一种全新的人才培养模式,它要求高校在课程教育方面进行优化和革新,创新课程设置、教学方法和教材编写等方面,使课程更加贴近实际,更加注重学生的实践创新能力的培养,提高学生的综合素质和竞争力。第四,"三全育人"有助于培养新时代的综合性人才。对此,高校应该积极贯彻落实"三全育人"的理念,为新时代人才的培养提供更加有力的支持。

三、新时代高校"三全育人"的基本原则

"三全育人"融入高校立德树人要始终坚持整体育人、全程育人和全面育人三个原则。一是整体育人原则。当前,高校始终坚持"三全育人"教育理念,致力于培养德才兼备高素质综合型人才,"三全育人"在实施过程中不是简单独立的教育模式,而是一个系统性工作,需要院校各部门、各专业、社会各类组织和家庭通力协作,集中有限的力量共同服务于学生思想政治教育和文化知识培育。工作中群策群力、上下联动、全员参与,共同为教育和引导学生发力,最终形成教书育人、服

务育人格局。二是全程育人原则。"三全育人"理念融入高校立德树人打破了传统教育意义上的时间束缚,不以课时长短进行衡量,不是短时间内就可以完成的教育,而是一种长期性教育、连续性教育,育人行为伴随学生成长全过程。学生在不同时期和不同阶段因受教育和接受知识程度不同,对外界事物的认知也有明显差异,因此,在育人过程中要根据大学生所处的阶段,及时给予针对性的思想政治教育,始终坚持全过程育人原则,以达到既定教育目标。三是全面育人原则。促进人的全面发展、全面进步是高校立德树人的最终教育方向,现代教育不再局限于课本知识、专业束缚,在互联网技术的推动下,高校可以创新教学方式,以线下和线上教学相结合的方式拓宽教学路径,以学校为基础,吸引社会资源,发挥家庭教育力量,形成全方位育人。高校始终秉持开放、自由的教育宗旨,倡导学生积极探索,发挥学生主动性和创造性,为其提供最丰富的教育资源和教育功能,尽可能满足学生多样化需求,促进学生全面发展。

四、新时代高校"三全育人"的实施思路

(一)需充分调动创新发展思维

随着社会的发展和进步,高校育人的方式在不断地更新和改进,创新思维理念成为引领高校育人的重要动力。高校育人不再仅限于知识传授,更加注重学生的全面发展和综合素质的提升,所以以育人主体为本,构建全面综合的创新育人模式成

为当务之急。比如，建设家校合作育人模式、校企合作育人模式、线上线下相结合的育人模式，使得育人工作渗透于学生各方面。

（二）需积极探索创新育人模式

首先，高校应重视育人的全面性和过程性。全面性是指要全方位地关注学生的发展，包括学术、思想、道德、身心、文化、艺术等各个方面。过程性是指要重视育人的过程，培养学生的自主性、创造性和实践能力。这需要高校将"三全育人"贯彻落实到校园教育的每一个角落，从教学内容、教育方式、教育环境等多方面入手，实现全方位的育人。其次，高校需将"三全育人"理念融入教育教学的每一个环节，包括课程设置、教学方式、教材内容等方面。同时，还要建立协同育人体系机制，将教学、科研、实践、社会服务等各个方面的资源进行整合，实现共同育人的目标。再次，在创新育人模式方面，高校应积极探索和推进，包括以学生为中心的教学模式、实践教育模式、跨学科教育模式等多种形式，旨在更好地培养学生的综合素质和实践能力。最后，整合教育体系、课程教材内容、学校教育资源、管理体系等，打造全方位的育人体系，实现信息化育人，提高育人效果。

（三）需灵活运用可行的创新手段

高校"三全育人"是指全面培养学生的思想政治素质、职业素养和创新能力。为了达到这一目的，高校要将信息化教育与学习作为重要的手段，采取线上线下相结合的育人模式，围绕立德树人，强化对大学生的教育引导。信息化教育与学习可以更好地满足学生的学习需求，扩展教育资源，提高教学效果。

第二节 "三全育人"的理论基础

坚持"三全育人"是中共中央、国务院在《关于加强和改进新形势下高校思想政治工作的意见》中提出的加强和改进高校思想政治工作的五项基本原则之一。其要义是将思想价值引领贯穿教学、科研、管理、实践、服务等各个环节，将思想政治工作覆盖学校、家庭、社会等各个方面，画好立德树人"同心圆"。这一育人理念的提出，是中国共产党开创与发展现代高等教育事业的历史必然，具有深厚的理论基础。

一、人的全面发展理论

马克思主义围绕"人的本质"这一核心议题，以"现实的人"作为理论出发点，深刻揭示了人类社会旧式分工所导致的人的片面发展及其社会状态。人的全面发展观念，依据人的本质属性，力图突破个体发展的局限性，强调人应以全面的方式，作为完整的存在，全面占有和实现自己的本质。这一理念倡导所有社会成员均应实现自由、全面、充分且均衡的发展。在"三全育人"的框架下，"育人"不仅是核心任务，更是解决高校思想政治工作现实问题的关键所在。这需要以科学的育人理念为指导，紧跟时代步伐，克服高校育人过程中的各种障碍，为新时代青年创造一个健康、安全的成长环境。要通过丰富多样的教育资源和多元化的教育手段，从增强思想政治意识和觉悟、培养学生的自觉性、陶冶情操、提升道德品质等多个维度，不断提升学生学习、生活能力，真正贯彻落实"三全育人"理念，实现学生的自由、全面、协调发展。

二、过程论

从过程论的视角来看，世界是由无数相互关联、不断运动的过程所构成的统一整体，过程本身即揭示了世界发展的整体状态和内在逻辑。辩证唯物主义过程论为我们理解和把握高校思想政治教育"三全育人"提供了有力的理论工具。"三全育人"理念的发展，本身就是一个不断演进和深化的过程。它萌芽于新中国成立初期的"三育人"教育思想，并随着我国社会的不断发展而逐步成熟和完善。作为对"三个面向""素质教育"等教育思想的传承和创新，"三全育人"经历了从无到有、从初步探索到逐步成熟的发展历程，特别是作为"三全育人"重要组成部分的全程育人理念，更是强调在育人过程中要实现时间的无缝衔接和空间的全面覆盖。这就要求教职工要将思想政治教育工作融入学生成长的每一个环节和方面，确保大学生在成长的各个阶段都能得到全面、系统、深入的思想政治教育。

三、马克思主义中国化相关理论

在新中国成立初期，面对工业技术薄弱、经济落后、物资匮乏、交通不便等困境，党中央深刻认识到解决民众温饱问题以及培养科技人才的紧迫性和重要性。1958年，毛泽东视察天津大学、南开大学，指示"高等学校应抓住三个东西：一是党委领导；二是群众路线；三是把教育和生产劳动结合起来"，强调坚持管理制度改革，使学生生动活泼地主动地得到发展；坚持学校全体成员参加管理。① 这一思想初步形成了全员育人教育思想的雏形，进而催生了"三育人"教育思想，即"教书育人、管理育人、服务育人"。

然而，"十年动乱"使得高等教育事业遭受严重挫折，青年学生的思想受到禁锢。党中央在重新确立实事求是的思想路线后，再次强调了"三育人"教育理念的重要性，为高等教育事业的复苏提供了保障。1983年9月，北京景山学校向一直高度关心教育工作的邓小平同志致信汇报学校教育改革情况，并希望邓小平同志为学校题词。不久，在那年的国庆节，邓小平同志欣然为景山学校题词："教育要面向现代化，面向世界，面向未来。"教育的"三个面向"为我国高等教育改革指明了方向。同时，他强调培养全面发展的人才需要全社会的共同努力，包括加强学术交流、建设育人队伍等。

---

① 中华人民共和国教育大事记（1949—1982）［M］. 北京：教育科学出版社，1983. 229.

随着 20 世纪末世界经济和政治格局的变化，国际竞争逐渐转向知识和人才的竞争。1998 年 5 月 4 日，江泽民在庆祝北京大学建校 100 周年大会上的讲话中，对青年学生提出了四点希望，即：希望青年学生坚持学习科学文化与加强思想修养的统一，坚持学习书本知识与投身社会实践的统一，坚持实现自身价值与服务祖国人民的统一，坚持树立远大理想与进行艰苦奋斗的统一。[①] 这一思想进一步丰富了"三育人"的内涵，为"三全育人"理念的产生奠定了基础。

进入 21 世纪初，面对国际形势的动荡多变和经济竞争的日益激烈，党中央更加重视人才在实现全面建设小康社会中的重要作用，强调要在教育的全过程和各行各业中贯彻落实人人均可成才的教育观念，将社会主义核心价值体系融入教材、课堂和学生生活中。这一时期的育人理念更加注重个体的学习潜能和能力价值的发掘与激发，为培养高素质劳动者和拔尖创新人才提供了有力指导。

随着我国经济发展与综合国力的显著增强，高校作为高素质人才的培育摇篮和主阵地，面临新的育人挑战。面对如何保证、有效落实并提升思想政治教育工作成效的问题，习近平总书记强调要将思想政治工作贯穿教育教学全过程，实现全程育人、全方位育人。这一重要论述标志着"三全育人"教育理念的确立和深化，为我国高等教育事业的发展指明了新方向。习

---

① 江泽民 . 江泽民文选：第 2 卷 [M]. 北京：人民出版社，2006.

近平总书记关于教育的重要论述，作为习近平新时代中国特色社会主义思想的重要组成部分，强调培养什么人、怎样培养人以及为谁培养人的问题，明确了教育的根本任务和目标导向。提出高校有效开展大学生理想信念教育，培育和践行社会主义核心价值观，塑造学生健全的人格、向善的人性和高尚的人品；提出培养一代又一代拥护中国共产党领导和我国社会主义制度、立志为中国特色社会主义事业奋斗终身的有用人才的任务；强调在教育实践中要关注和解决学生的实际问题和发展需求，这些重要思想为"三全育人"提供了科学的理论指导和实践指南。

四、西方道德教育相关理论

尽管我国与西方国家在经济发展、历史文化和社会制度方面存在明显差异，但在教育领域，尤其是道德教育方面，均面临着相同或相似的机遇与挑战，双方道德教育的内容与方式也存在一定的共通之处。因此，西方道德教育的相关理论对我国高校"三全育人"工作具有重要的借鉴意义。

（一）实用主义德育模式及其影响

19世纪末20世纪初，美国社会经历了深刻变革，传统的宗教教育模式因其强制性和惩罚性而难以适应新的社会发展需求。在这种背景下，实用主义德育模式应运而生。该模式强调教育应贴近儿童的实际生活，尊重儿童的个体差异和成长阶段，通过各类学科的教学过程以及日常学习生活实践来实施道德教育。这种教育观念与全程育人理念相通，即教育应贯穿学生的整个生活过程，促进其全面发展。

实用主义德育模式对我国"三全育人"的启示：道德教育应更加注重学生的主体性和实践性，将道德观念和行为规范融入学生的日常生活中，通过实践体验来培养学生的道德情感和行为习惯。同时，教育过程应关注学生的个体差异和成长需求，提供个性化的教育支持和引导。

（二）混合德育模式及其借鉴意义

混合德育模式是在批判继承其他德育模式的基础上形成的一种综合性德育模式。它综合了德育主义模式和全面主义模式的优点，既开设专门的德育课程进行系统的道德教育，又将德育教育融入所有学科的教育教学中，通过多样化的教育形式来体现德育功能。同时，混合德育模式还注重发挥大环境的影响作用，从社会实践、学校生活、服务活动等多个角度来挖掘隐性德育教育功能。

混合德育模式对我国"三全育人"的借鉴意义：首先，应构建多元化的道德教育体系，将专门的德育课程与学科教学中的德育内容相结合，形成全面覆盖、相互补充的道德教育格局；其次，应注重发挥隐性教育的作用，通过校园文化、社会实践、志愿服务等多种形式来培养学生的道德意识和行为习惯；最后，应加强学校、家庭和社会的协调配合，形成全员育人的良好氛围和机制。

第三节　"三全育人"的价值意义

在高校教育改革的过程中，"三全育人"理念作为一种创新性的育人模式，不仅顺应了新时代的发展需求，更在解决现实问题的基础上，对现有的育人资源、载体、项目和活动进行了全面整合与重构。这一理念以宏阔的视野重新定义了育人理念、格局、体系和标准，与立德树人的根本任务紧密相连，为新时代高校思想政治工作提供了明确的导向，为培养担当民族复兴大任的时代新人、培养德智体美劳全面发展的社会主义建设者和接班人提供了方法和路径。

一、有利于实现素质教育的目标

"三全育人"强调全面性的教育理念，关注学生的主体性，注重多元能力的培养，有效促进教育教学的创新，营造良好的育人氛围。从强调全面性的教育理念看，"三全育人"意味着教育工作不再局限于特定的课堂或教育者，而是扩展到学校的各个层面和各个角落。这种全面性的教育理念确保了素质教育在各个环节得到实施，为学生的全面发展创造了良好的环境和条件。从关注学生的主体性看，"三全育人"以学生为中心，强调学生的主体地位和作用。这与素质教育的理念高度契合，都致力于培养学生的主动性、创造性和实践性。在这样的教育环境中，学生不再是被动地接受知识，而是成为自我发展的主体，积极参与到各种教育活动中，实现自身的全面发展。从注重多元能力的培养看，与传统的以知识传授为主的教育模式不同，"三全育人"注重包括认知能力、情感态度、价值观、实践技能等各方面能力的培养。这种多元能力的培养正是素质教育所倡导的，有助于学生在未来的生活和工作中更好地应对各种挑战和变化。从促进教育教学的创新看，"三全育人"作为一种新的教育理念，要求教育者在教学方法、教学手段上进行创新。这种创新不仅有助于提高学生的学习兴趣和积极性，还能培养学生的创新意识和创新能力，从而更好地实现素质教育的目标。从营造良好的育人氛围看，"三全育人"强调全员参与育人工作，包括教师、管理人员、服务人员等各个角色。这样的氛围有利于形成积极、健康、向上的校园文化，为学生提供良好的成长环境。这种环境的营造对实现素质教育目标至关重要，因为它能够潜移默化地影响学生的价值观和行为方式。

二、有利于培养具有综合素质的人才

"三全育人"通过提供全面系统的教育、关注德育与情感的培养、提升实践与创新能力、促进跨学科与多元文化的融合以及培养适应性与抗压能力等方面的支持，有利于培养出具有综合素质的人才。在知识与技能的全面培养方面，"三全育人"中的"全程育人"强调教育应贯穿学生的整个学习生涯，这意味着学生可以在不同学习阶段接触到各种知识和技能，从而获得全面而系统的教育。这样的教育过程有助于学生建立起坚实的知识基础，并培养他们在不同领域中运用这些知识的能力。在德育与情感的培养方面，"全员育人"要求学校的每一位成员都参与到育人工作中来，不仅是教师，还包括管理人员、服务人员等。这样的全员参与有助于形成一个关注学生全面发展的教育环境，其中德育和情感的培养也得到了应有的重视。在这样的环境中成长，学生更容易形成健全的人格和良好的道德品质。在实践与创新能力的提升方面，"三全育人"强调教育的实践性，鼓励学生积极参与各种实践活动，如社会实践、科研实践等。这些实践活动有助于学生将所学知识应用到实际中去，提升实践能力和创新能力。同时，"三全育人"还鼓励学生敢于尝试、勇于创新，为学生提供了培养创新精神的土壤。在跨学科与多元文化的融合方面，"全方位育人"要求教育应涵盖多个领域和方面，包括不同的学科和文化。这种跨学科和多元文化的融合有助于学生开阔视野、拓展思维，培养他们的跨文化交流能力和多元思维能力。在适应性与抗压能力的培养方面，"三全育人"关注学生的全面发展，在教育过程中，学生会面临各种挑战和困难，而"三全育人"正是通过这些经历来锻炼学生的意志品质和适应能力，使他们在面对未来社会的种种挑战时能够从容应对。

三、有利于促进学生身心健康发展

"三全育人"通过提供全面的关注与支持、采用科学的教育方法、创建良好的育人环境、确保教育的连续性与一致性以及提供个性化的关注与引导等方面的措施，有利于促进学生的身心健康发展。在全面的关注与支持方面，"三全育人"强调全员参与，意味着学生不仅在课堂上得到教师的关注，还在课堂之外得到辅导员、行政人员、校园服务人员等全方位的关心和支持。这种全面的关注有利于及时发现和解决学生在心理、情感、身体等方面遇到的问题，从而促进学生身心健康发展。在科学的教育方法方面，"三全育人"要求教育者采用科学、合理、有效的教育方法，包括心理健康教育、体育教育等，以促进学生身心健康发展。这些教育方法不仅关注学生的知识学习，还注重培养学生的身体素质、心理素质和社会适应能力，有助于学生在面对压力和挑战时保持积极、健康的心态。在良好的育人环境方面，"三全育人"倡导创建积极、健康、和谐的校园文化氛围，为学生提供良好的学习和生活环境。这种环境有利于培养学生的健康生活习惯，提升人际交往能力，增强归属感和幸福感，从而对学生的身心健康产生积极影响。在连续性与一致性的教育方面，"三全育人"中的"全程育人"强调教育应贯穿学生的整个学习生涯，确保教育的连续性和一致性。这种连续性的教育有助于学生形成稳定的人生观、价值观和世界观，对其身心健康发展具有长远的积极影响。在个性化的关注与引导方面,"三全育人"要求教育者关注学生的个体差异,提供个性化的教育和引导。这种个性化的关注有助于满足学生不同的身心发展需求,帮助他们建立自信、发展潜能,从而实现身心的健康发展。

四、有利于推动教育改革创新

"三全育人"通过突破传统教育模式、促进教育理念更新、推动教育方法和手段创新、优化教育资源配置以及建立科学评价体系等,更好地推动教育改革创新。在突破传统教育模式方面,"三全育人"打破了传统教育中以教师为中心、以课堂为主阵地的局限,要求学校、家庭、社会等各方共同参与,形成教育合力,这本身就是对传统教育模式的重大改革和创新。在促进教育理念更新方面,"三全育人"关注学生的全面发展,注重培养学生的创新精神和实践能力。这种教育理念的更新,推动了教育从注重知识传授向注重能力培养的转变,符合现代社会对人才的要求,也是教育改革创新的重要方向。在推动教育方法和手段的创新方面,"三全育人"要求教育者根据学生的实际情况和需求,采用灵活多样的教育方法和手段。这促使教育者不断探索和创新,运用现代教育技术、网络教育等新型教育手段,提高教育效果和质量。在优化教育资源配置方面,"三全育人"要求学校充分挖掘和利用各种教育资源,包括校内外的各种人力、物力、财力资源等。这有助于优化教育资源配置,提高教育资源的使用效率,从而推动教育改革创新向更深层次发展。在建立科学评价体系方面，"三全育人"强调对学生的全面评价，不仅关注学生的知识掌握情况，还注重评价学生的能力、素质、情感、态度等方面。这要求建立科学、全面的评价体系，以更加客观、公正地评价学生的发展状况，为教育改革创新提供有力支撑。

第三章

机制与保障

第一节　"三全育人"的工作机制

作为新时代加强和改进高校思想政治工作的重要内容，"三全育人"涉及办学治校各方面、各环节、各流程，因此，必须建立健全科学的工作机制，真正增强思想政治工作的针对性和实效性，真正增强广大青年学生的获得感和幸福感。要深入学习贯彻习近平新时代中国特色社会主义思想和党的二十大精神，学习贯彻习近平总书记关于教育的重要论述，完善全员、全过程、全方位育人体制机制，把立德树人融入思想道德、文化知识、社会实践教育各环节，贯通学科体系、教学体系、教材体系、管理体系，加快构建目标明确、内容完善、标准健全、运行科学、保障有力、成效显著的高校思想政治工作体系，全面提升新时代高校思想政治工作质量，努力培养担当民族复兴大任的时代新人。

一、强化理论武装

党的二十大报告指出，马克思主义是我们立党立国、兴党兴国的根本指导思想。实践告诉我们，中国共产党为什么能，中国特色社会主义为什么好，归根结底是马克思主义行，是中国化时代化的马克思主义行。拥有马克思主义科学理论指导是我们党坚定信仰信念、把握历史主动的根本所在。

第一，加强政治引领。把坚持以马克思主义为指导落实到教育教学各方面，对各种错误观点和思潮旗帜鲜明予以抵制。全面推动习近平新时代中国特色社会主义思想进教材、进课堂、进师生头脑，开展理论教育培训，编写出版理论读物，打造示范课堂，运用各种载体分群体深入开展习近平新时代中国特色社会主义思想学习研究宣传工作。推动理想信念教育常态化、制度化，加强党史、新中国史、改革开放史、社会主义发展史教育，加强爱国主义、集体主义、社会主义教育，把制度自信的种子播撒进青少年心灵，引导师生不断增强"四个自信"。推动领导干部、"两院"院士等专家学者、各方面英雄模范人物进校园开展思想政治教育。

第二，厚植爱国情怀。贯彻落实《新时代爱国主义教育实施纲要》，将国家意识、法治意识、社会责任意识教育和民族团结进步教育、国家安全教育、科学精神教育纳入日常课程体系。在党和国家的重大节日、纪念日、庆祝日等组织开展主题教育，将主题教育常态化。在主题教育中，有针对性地做好深层次思想理论问题辨析引导，旗帜鲜明地批判错误观点和思潮。打造推广一批富有爱国主义教育意义的文化作品，定期举行集体升国旗、唱国歌仪式，有效利用重大活动、开学典礼、毕业典礼、重大纪念日、主题党团日等契机和重点文化基础设施开展爱国主义教育。

第三，强化价值引导。围绕社会主义核心价值观要求，以诚信建设为重点，加强社会公德、职业道德、家庭美德、个人品德教育，提升师生道德素养。发挥中华优秀传统文化、革命文化和社会主义先进文化的育人功能，弘扬以爱国主义为核心的民族精神和以改革创新为核心的时代精神。结合实际制定师生行为规范，组织最美奋斗者、改革先锋、时代楷模等新时代先进人物走进校园，面向广大师生开展思想政治教育。开展教书育人楷模、思政课教师年度人物、高校辅导员年度人物、大学生年度人物等先进典型的宣传选树。通过座谈交流、大会表彰、事迹宣讲等，发挥师德楷模、名师大家、学术带头人等的道德示范引领作用，带动全体师生践行社会主义核心价值观。

二、加强学科教学

学科专业、课程教材是立德树人的基本依托和基础保障，也是高校思想政治工作主渠道和主阵地作用发挥的基本条件要求。要健全完善学科教学体系，推进"三全育人"高质量发展。

第一，办好思想政治理论课。习近平总书记指出："思政课的本质是讲道理，要注重方式方法，把道理讲深、讲透、讲活，老师要用心教，学生要用心悟，达到沟通心灵、启智润心、激扬斗志。"① 要按照"八个相统一"要求，扎实推进思想政治理论课建设思路创优、师资创优、教材创优、教法创优、机制创优、环境创优。遴选名师大师参与思想政治理论课讲授。把新媒体新技术引入高校思想政治理论课教学，打造高校思想政治理论课资源平台和网络集体备课平台。

第二，强化哲学社会科学育人作用。强化马克思主义理论学科引领作用，推出一批中国特色哲学社会科学精品力作。加强哲学社会科学教材规划编审和规范选用工作。加大哲学社会科学各学科专业中的马克思主义理论类课程建设。扎实推进哲学社会科学专业课程思政建设，文学、历史学、哲学类专业课程要帮助学生掌握马克思主义世界观和方法论，从历史与现实、理论与实践等相结合的维度深刻理解习近平新时代中国特色社会主义思想。经济学、管理学、法学类专业课程要培育学生经世济民、诚信服务、德法兼修的职业素养。教育学类专业课程要注重加强师德师风教育，引导学生树立学为人师、行为世范的职业理想。

第三，全面推进所有学科课程思政建设。习近平总书记指

① 习近平在中国人民大学考察时强调：坚持党的领导传承红色基因扎根中国大地 走出条建设中国特色世界一流大学新路［EB/OL］. 中国政府网, 2022-04-25.

出,"其他各门课都要守好一段渠、种好责任田,使各类课程与思想政治理论课同向同行,形成协同效应"①。要统筹课程思政与思政课程建设,构建全面覆盖、类型丰富、层次递进、相互支撑的课程体系。重点建设一批提高大学生思想道德修养、人文素质、科学精神和认知能力的公共基础课程。理学、工学类专业课程要注重科学思维方法的训练和科技伦理的教育,培养学生探索未知、追求真理、勇攀科学高峰的责任感和使命感,培养学生精益求精的大国工匠精神。农学类专业课程要注重培养学生的大国"三农"情怀,引导学生"懂农业、爱农村、爱农民"。医学类专业课程要注重加强医德医风教育,注重加强医者仁心教育,教育引导学生尊重患者,学会沟通,提升综合素养。艺术学类专业课程要教育引导学生树立正确的艺术观和创作观,积极弘扬中华美育精神。

三、注重日常教育

习近平总书记在全国教育大会上强调,要精心培养和组织一支会做思想政治工作的政工队伍,把思想政治工作做在日常、做到个人。高校思想政治工作做在日常,就要做到思想政治工作经常化,持之以恒、常抓不懈,贴近实际、贴近学生、贴近生活,从大处着眼、从小处着手,往深处做、往细处做,如此,思想政治工作才有可能收到春风化雨、滴水穿石、润物

---

① 许涛. 构建课程思政的育人大格局［EB/OL］. 中国共产党新闻网,2019-10-18.

无声的效果。

第一，深化实践教育。马克思主义理论认为，全部社会生活在本质上是实践的。实践的观点、生活的观点是马克思主义的基本观点。要整合实践资源，拓展实践平台，依托高新技术开发区、大学科技园、城市社区、农村乡镇、工矿企业等，建立多种形式的社会实践、创业实习基地。丰富内容形式，广泛开展社会调查、生产劳动、社会公益、志愿服务、科技发明、勤工助学等社会实践活动，深入开展好大学生暑期"三下乡"、大学生志愿服务西部计划等传统经典项目，组织实施好"牢记时代使命，书写人生华章""百万师生重走复兴之路"等新时代社会实践精品项目，探索开展师生志愿服务评价认证。深入推进实践教学改革，分类制定实践教学标准，按要求适度增加实践教学比重。加强创新创业教育，健全课程体系，实施"大学生创新创业训练计划"。完善支持机制，推动载体有机融合，构建"党委统筹部署、政府扎实推动、社会广泛参与、高校着力实施"的实践育人协同体系。培育建设一批实践育人与创新创业示范基地。

第二，坚持文化育人。推进中华优秀传统文化教育，实施"中华经典诵读工程"，开展"礼敬中华优秀传统文化""戏曲进校园"等文化建设活动，引导高雅艺术、非物质文化、民族民间优秀文化走近师生。挖掘革命文化的育人内涵，实施"革命文化教育资源库建设工程"，开展"传承红色基因、担当复兴重任"主题教育；有效利用重大纪念日契机和重点文化基础设施开展革命文化教育。开展社会主义先进文化教育，开展高校师生社会主义核心价值观主题教育，推广展示一批社会主义核心价值观教育典型案例，选树宣传一批践行社会主义核心价值观的先进典型。坚持培育优良校风、教风、学风，持续开展文明校园创建活动。建设一批文化传承基地。发挥校园建筑景观、文物和校史、校训、校歌的文化价值。加强高校原创文化精品创作与推广。

第三，加强网络育人。加强工作统筹，强化高校思想政治工作网建设，打造信息发布、工作交流和数据分析平台，加强高校思想政治工作信息管理系统共建与资源互享。落实标准和要求，按照在校生总数每生每年不低于 30 元的标准设立网络思政工作专项经费。强化网络意识，提高建网用网管网能力，加强师生网络素养教育，引导师生增强网络安全意识，遵守网络行为规范，养成文明网络生活方式。拓展网络平台，发挥全国高校校园网站联盟作用，推选展示一批校园网络名站名栏，引领建设校园网络新媒体矩阵。丰富网络内容，开展"大学生网络文化节"等网络文化建设活动，推广展示一批"网络名篇名作"。优化成果评价，建立网络文化成果评价认证体系，推动将优秀网络文化成果纳入高校科研成果统计、列为教师职务职称评聘条件、作为师生评奖评优依据。培养网络力量，实施"网络教育名师培育支持计划""校园好网民培养选树计划"，建设一支政治强、业务精、作风硬的网络工作队伍。

第四，促进心理育人。把心理健康教育课程纳入学校整体教学计划，组织编写大学生心理健康教育示范教材，实现心理健康知识教育全覆盖。举办大学生心理健康节等品牌活动，充分利用网络、广播、微信公众号、APP 等媒体，营造心理健康教育良好氛围。提高心理健康教育咨询与服务中心建设水平，按照师生比不低于 1∶4000 配备心理健康教育专业教师，每校至少配备 2 名专业教师。[①] 推广应用《中国大学生心理健康筛查量表》"中国大学生心理健康网络测评系统"，提高心理健康素质测评覆盖面和科学性；建立学校、院系、班级、宿舍"四级"预警防控体系，完善心理危机干预工作预案，提升工作前瞻性、针对性。保证生均经费投入和心理咨询辅导专用场地面积，建设校内外心理健康教育素质拓展培养基地，培育建设一批"高校心理健康教育示范中心"。

四、优化管理服务

管理服务是思想政治工作的重要方式和重要手段，寓思想政治工作于管理服务工作之中，是落细、落小、落实思想政治工作的基本要求。要把思想政治工作融入日常管理服务工作中，不断提高管理服务质量和水平，切实增强思想政治工作的实效性。

第一，提高管理服务水平。健全依法治校、管理育人制度体系，结合大学章程、校规校纪、自律公约修订完善，研究梳

---

① 教育部加强高校思想工作：每校至少配 2 名心理教师［EB/OL］. 搜狐网，2017-12-06.

理高校各管理岗位的育人元素，编制岗位说明书，明确管理育人的内容和路径，引导师生培育自觉、强化自律。把育人功能发挥纳入管理岗位考核评价范围，作为评奖评优条件。研究梳理各类服务岗位所承载的育人功能，并作为工作的职责要求，体现在聘用、培训、考核等各环节。推动高校节约型校园建设，大力建设绿色校园，切实提高后勤保障水平和服务育人能力。建设文献信息资源体系和服务体系，提高馆藏利用率和服务效率，引导师生尊重和保护知识产权，维护信息安全。制订健康教育教学计划，开展传染病预防、安全应急与急救等专题健康教育活动，培养师生公共卫生意识和卫生行为习惯。加强人防物防技防建设，全面开展安全教育，培养师生安全意识和法治观念。选树一批服务育人先进典型模范，培育一批高校"服务育人示范岗"。

第二，加强群团组织建设。发挥各级党组织的育人保障功能，健全和完善高校党委领导下的校长负责制，推动学校各级党组织自觉担负起管党治党、办学治校、育人育才的主体责任。全面推进校、院（系）党组织书记抓基层党建述职评议。实施教师党支部书记"双带头人"培育工程。实施"高校基层党建对标争先计划"，培育建设一批先进基层党组织，培养选树一批优秀共产党员、优秀党务工作者，推选展示一批党的建设优秀工作案例。发挥各类群团组织的育人纽带功能，推动工会、共青团、学生会等群团组织创新组织动员、引领教育的载体与形式，更好地代表师生、团结师生、服务师生，支持各类师生社团开展主题鲜明、健康有益、丰富多彩的活动，充分发挥教研室、学术梯队、班级、宿舍在师生成长中的凝聚、引导、服务作用。培育建设一批文明社团、文明班级、文明宿舍。

第三，完善精准资助育人体系。建立资助管理规范，完善勤工助学管理办法，构建资助对象、资助标准、资金分配、资金发放协调联动的精准资助工作体系。坚持资助育人导向，在奖学金评选发放环节，全面考查学生的学习成绩、创新发展、社会实践及道德品质等方面的综合表现，培养学生奋斗精神和感恩意识。深入开展励志教育、感恩教育、诚信教育和金融常识教育，培养学生法律意识、风险防范意识和契约精神，培养学生自强不息、创新创业的进取精神，培育学生树立正确的成才观和就业观。创新资助育人形式，实施"发展型资助的育人行动计划"等主题教育，培育建设一批"发展型资助的育人示范项目"，推选展示资助育人优秀案例和先进人物。

第二节　"三全育人"的工作保障

习近平总书记指出："办好我国高等教育，必须坚持党的领导，牢牢掌握党对高校工作的领导权，使高校成为坚持党的领导的坚强阵地。党委要保证高校正确办学方向，掌握高校思想政治工作主导权，保证高校始终成为培养社会主义事业建设者和接班人的坚强阵地。各级党委要把高校思想政治工作摆在重要位置，加强领导和指导，形成党委统一领导、各部门各方面齐抓共管的工作格局。"①

做好新时代高校思想政治工作，必须自觉把高校党的建设放在坚持和加强党的全面领导，坚持党要管党、全面从严治党，从增强"四个意识"、坚定"四个自信"、做到"两个维护"的政治高度来审视，围绕全面贯彻党的教育方针、坚持正确办学方向、落实立德树人根本任务来展开，围绕为谁培养人、培养什么人、如何培养人这个重大问题来谋划推进，切实抓好安全稳定、队伍建设、质量保障等工作。

一、强固安全稳定

安全稳定既是做好思想政治工作的前提，也是思想政治工作的本义和目的所在。当前，高校意识形态与校园安全总体有保障，形势持续向好，但同时也面临着风险与挑战。当今世界正处于百年未有之大变局，世界不稳定性、不确定性明显增加，世界进入动荡变革期、风险叠加期。国内外环境的深刻变化使高校意识形态工作面临着"西化""分化""弱化""淡化""泛化"和"丑化"等风险挑战。同时，受校内外、主客观因素影响，高校校园同时面临着人身伤害、金融诈骗、心理

---

① 习近平在全国高校思想政治工作会议上强调：把思想政治工作贯穿教育教学全过程 开创我国高等教育事业发展新局面［EB/OL］.中华人民共和国教育部网站，2016-12-08.

疾病、流行性传染病等风险，意外伤害、财产损失及其他事故时有发生。因此，必须站在实现中华民族伟大复兴战略全局的高度，始终坚持党的领导，科学统筹发展与安全，坚持守正创新和底线思维，压紧压实意识形态工作责任制，筑牢校园安全防线，培育理性平和的健康心态，加强人文关怀和心理疏导，把高校建设成为安定团结的模范之地。

第一，强化高校政治安全。要履行把握正确政治方向和导向的责任。认真贯彻党中央关于意识形态工作的决策部署和指示精神，保持政治清醒和政治定力，严明政治纪律和政治规矩，坚决维护党中央权威，在思想上、政治上、行动上同党中央保持高度一致。要加强思想政治和主流文化建设。持续推动中国特色社会主义理论体系进教材、进课堂、进头脑，引导广大干部师生坚定中国特色社会主义道路自信、理论自信、制度自信、文化自信。弘扬中华优秀传统文化和优良革命传统，着力推动社会主义核心价值观融入教育全过程。要强化对各类意识形态工作载体和阵地管理的责任。坚持正能量是总要求、管得住是硬道理，确保各类意识形态阵地可管可控。认真把好教材选用、审查和使用关，体现国家意志和意识形态属性。切实维护校园网络意识形态安全。建立健全学校各类社团、协会管理制度。

第二，加强国家安全教育。构建完善国家安全教育内容体系，科学设置教育教学的整体架构和主要内容，贯彻落实宪法和国家安全法的精神和原则。研究开发国家安全教育教材，丰富和充实国家安全教育的内容，强化政治安全、经济安全、国土安全、社会安全、生态安全、网络安全教育，充分体现国家安全意识。改进国家安全教育教学活动，积极发挥课堂教学主渠道作用，改进教育教学方式方法。充分利用全民国家安全教育日等重要时间节点，组织系列特色教育活动，确保总体国家安全观入脑入心。丰富国家安全教育资源，分级分类开发在线课程，编写国家安全教育读本。建立健全国家安全教育教学评价，把教师开展国家安全教育工作的表现纳入绩效考核，作为职称晋升和评优的重要参考。把学生参与国家安全教育活动及相关课程学习情况纳入综合素质档案，作为评优评先等重要参考。

第三，筑牢校园安全防线。落实安全管理主体责任，落实"一岗双责"，健全"人人有责、层层负责、各负其责"的安全责任体系，完善"明责、知责、履责、问责"的安全责任运行机制，完善预警预防、综合研判、应急处置、督查报告、责任追究等工作制度。把安全生产要求贯穿学校发展全过程和各领域，加强风险防范和安全治理，保护学生生命安全、财产安全、身体健康。严格落实安全防范工作规范要求，强化安全基础建设，完善校园及周边治安综合治理机制。强化应急处突能力，建立应急联动机制，切实提升风险防范能力。

二、加强队伍建设

习近平总书记指出："好的学校特色各不相同，但有一个共同特点，都有一支优秀教师队伍。对教师来说，想把学生培养成什么样的人，自己首先就应该成为什么样的人。培养社会主义建设者和接班人，迫切需要我们的教师既精通专业知识、做好'经师'，又涵养德行、成为'人师'，努力做精于'传道授业解惑'的'经师'和'人师'的统一者。"①

第一，建设高水平教师队伍。按照"四有"好老师要求，落实政治理论学习、培训轮训、实践锻炼等制度。完善教师评聘考核办法，把师德师风作为评价教师队伍素质第一标准。实施课程思政教师专题培训计划。充分发挥院士、名家名师等示范带头作用。构建全校齐抓教师思想政治素质的工作体系，组织开展宣传师德典型、深化学术诚信教育。落实《新时代高校教师职业行为十项准则》，严格实行师德"一票否决制"，加大对失德教师的惩戒力度，推动师德建设常态化长效化。

第二，打造高素质思想政治工作和党务工作队伍。严格落实中央关于高校思想政治工作和党务工作队伍配备的各项指标要求。完善高校专职辅导员职业发展体系，建立职级、职称"双线"晋升办法。按照专兼结合、以专为主的原则加强辅导员选配工作。持续提升思想政治工作和党务工作队伍素质能力和专业水平，实施思想政治工作中青年骨干队伍建设项目，组织开展国家示范培训，海内外访学研修，在职攻读硕士、博士

---

① 习近平在中国人民大学考察时强调：坚持党的领导传承红色基因扎根中国大地 走出一条建设中国特色世界一流大学新路 [EB/OL]. 中国政府网网站，2022-04-25.

学位等专项计划。2020 年 4 月，教育部等八部门关于加快构建高校思想政治工作体系的意见指出，要因地制宜设置思政课教师和辅导员岗位津贴，纳入绩效工资管理，相应核增学校绩效工资总量。要按照在校生总数每生每年不低于 20 元的标准设立思想政治工作和党务工作队伍建设专项经费。

第三，加大马克思主义学者和青年马克思主义者培养力度。加强马克思主义学院和马克思主义理论学科建设，加快培养一批立场坚定、功底扎实、经验丰富的马克思主义学者，特别是培养一大批青年马克思主义者。深入实施"高校思想政治理论课教师队伍后备人才培养专项支持计划"。组织实施青年马克思主义者培养工程，加强集中教育培训和后续跟踪培养。要坚持把马克思主义基本原理同中国具体实际相结合、同中华优秀传统文化相结合，不断推进马克思主义中国化时代化。要以中国为观照、以时代为观照，立足中国实际，解决中国问题，不断推动中华优秀传统文化创造性转化、创新性发展，不断推进知识创新、理论创新、方法创新。

三、健全质量保障

提高思想政治工作质量，增强思想政治工作实效，需要构建科学的保障体系。要以质量目标为引领，以标准体系为标尺，健全测评体系，强化组织保障，增强改革动力，搭建工作平台，通过局部目标实现整体目标，通过各阶段目标实现长远目标，确保思政工作落到实处，取得实效。

第一，构建科学测评体系。建立多元多层、科学有效的高校思政工作测评指标体系，完善过程评价和结果评价相结合的实施机制，推动把党建和思想政治工作作为"双一流"建设成效评估、学科专业质量评价、人才项目评审、教学科研成果评比的重要指标，并纳入政治巡视、地方和高校领导班子考核、领导干部述职评议的重要内容中。

第二，强化组织保障。成立高校思想政治与意识形态工作机构，加强工作统筹、决策咨询和评估督导。设立思想政治工作经费专项。明确责任分工，细化实施方案，及时研究解决重点问题。将高校思想政治工作纳入整体发展规划和年度工作计划，明确路线图、时间表、责任人。

第三，强化改革驱动。开展"三全育人"综合改革试点，统筹发挥校内外自然资源、红色资源、文化资源、体育资源、科技资源、国防资源和企事业单位资源的育人功能，形成学校、家庭和社会教育有机结合的协同育人机制。高校要以"十大育人体系"为基础，系统梳理归纳各个群体、各个岗位的育人元素，并作为职责要求和考核内容融入整体制度设计和具体操作环节，切实打通"三全育人"的最后一公里。

第四，搭建工作平台。建设高校思想政治工作创新发展中心，推动开展党的建设、思想政治教育、意识形态工作、维护安全稳定等方面的理论创新和实践探索。建设高校网络思想政治工作中心，深入开展网络意识形态研判分析、网络舆情研究引导、师生思想政治状况调查、网络文化产品创作生产等工作。建设高校思想政治工作队伍培训研修中心，组织开展线上线下培训、高级访问研修、学历学位教育、课程体系研发、思政文库建设等工作，不断提高培训研修的覆盖面和受益率。

第四章

体系与构建

第一节　课程育人

党的二十大报告指出："教育是国之大计、党之大计。培养什么人、怎样培养人、为谁培养人是教育的根本问题。育人的根本在于立德。全面贯彻党的教育方针，落实立德树人根本任务，培养德智体美劳全面发展的社会主义建设者和接班人。"① 立德树人是地方院校的根本任务，也是核心价值。

2016 年，习近平总书记在全国思想政治工作会议上强调："坚持把立德树人作为中心环节，把思想政治工作贯穿到教育

---

① 习近平：高举中国特色社会主义伟大旗帜 为全面建设社会主义现代国家而团结奋斗：在中国共产党第二十次全国代表大会上的报告［EB/OL］. 中国政府网，2022-10-25.

的全过程，实现全程育人，全方位育人。"① 他同时强调"要用好课堂教学这个主渠道，思想政治理论课要坚持在改进中加强，提升思想政治教育亲和力和针对性，满足学生成长发展需求和期待，其他各门课都要守好一段渠、种好责任田，使各类课程与思想政治理论课同向同行，形成协同效应"②。2017 年教育部颁布的《高校思想政治工作质量提升工程实施纲要》中，把"统筹推进课程育人"放在了高校切实构建十大育人体系之首，明确了课程育人体系建设的具体要求，即大力推动以"课程思政"为目标的课堂教学改革，优化课程设置，修订专业教材，完善教学设计，加强教学管理，梳理各门专业课程所蕴含的思想政治教育元素和所承载的思想政治教育功能，融入课堂教学各环节，实现思想政治教育与知识体系教育的有机统一。

其后，教育部颁布的《关于加快建设高水平大学本科教育全面提高人才培养能力的意见》中指出，以促进学生全面发展为中心，既注重"教得好"，更注重"学得好"，激发学生学习兴趣和潜能，课堂教学作为高校人才培养的主环节、主阵地，其改革作为一项系统工程，需要聚焦主要矛盾和核心问题，多方形成合力，协作共同完成。2020 年，教育部发布

---

① 习近平：把思想政治工作贯穿教育教学全过程［EB/OL］. 新华网，2016-12-08.
② 习近平：把思想政治工作贯穿教育教学全过程［EB/OL］. 新华网，2016-12-08.

《高等学校课程思政建设指导纲要》，明确要求各高等学校把课程思政贯穿人才培养体系，全面推进高校课程思政建设，发挥好每门课程的育人作用。

一、课程育人基本概念

（一）课程育人的内涵

爬梳以课程育人为主题的文献，主要分为两类：一类直接以课程育人为题名的文献多出自中小学教研人员，聚焦基础教育课程改革、教育教学质量等问题；另一类将课程育人与"课程思政""思政课程"关联，多出自高校教研人员，聚焦高等教育领域的立德树人与思想政治教育问题，涉及课程育人概念的文章很少。

那么，课程育人究竟是一个什么概念？从语义上看，课程育人是由"课程"与"育人"两个词组合而来，"课程"是学校按照国家人才培养目标和社会发展需求而有计划、有目的地实施的教育活动，课堂是学生接受教育内容的主要阵地；"育人"是对学生进行德育、智育、体育、美育等多方面的教育、培养，把学生培养成国家和社会需要的人。"课程"是"育人"的主要阵地，"育人"是"课程"的整体目标导向与价值归属。本书主要研究地方院校的课程育人，结合上文，我们认为课程育人就是把政治观念、主流价值、人文素养等思想政治教育元素融入专业课程和通识课程中，紧扣立德树人的根本任务，契合地方院校人才培养要求，根据有计划、有目的、系统化的课程规划，实现价值观引领与专业知识教学的协调统一，使人成为有理想、有本领、有担当的堪当民族复兴大任的时代新人。课程育人既是落实立德树人目标的具体体现，也是"三全育人"的具体实践。

在阐明课程育人概念后，需要进一步厘清课程育人与"课程思政""思政课程"的关联。从内涵上看，三者所完成的目标是一致的，即立德树人的育人目标；从提升体系构建上看，"课程思政"与"思政课程"是打通课程育人生命线的突破口与重要抓手，通过大力推动以"课程思政"为目标的课堂教学改革，创新地方院校"思政课程"建设体系，实现课程育人质量提升；从供给内容上看，三者均以理论方式为主导，课程育人不仅包含"课程思政"中专业课的知识讲授与价值导向，而且涵盖"课程思政"中基本命题与时代命题的双重意蕴，即理论指导与时事热点，可以说课程育人是"课程思政"与"思政课程"的内容统合、有效衔接。因此，在探讨地方院校课程育人时，"课程思政"与"思政课程"的协同育人亦是我们的重要落脚点。

（二）课程育人的特点

一是教学过程的默化性。在实施课程育人过程中，教师作为课程育人的实施主体，要以习近平新时代中国特色社会主义思想为指导，结合国家重大战略，如科教兴国战略、创新驱动战略等，主动思考本门课程蕴含的思想政治教育元素，通过必要章节编写、课堂讲授、考核评价等多种方式潜移默化地向学生传递知识背后的价值、意义等，促进学生实现专业发展和价值认同的良性互动。

二是教学内容的贯通性。课程育人打通了思想政治理论课与专业课之间的育人隔阂，将二者有机结合起来。课程育人的教学内容以习近平新时代中国特色社会主义思想为指导，充分挖掘各门课程中蕴含的责任、信心、理念、价值等育人元素，催生课程的自我育人功能，有利于提升学生对思想政治教育习得的主动性和积极性。

三是教学主题的多元性。师生在课程学习交流、专业能力提升过程中，将爱国情、强国志、报国行自觉融入学习实践，将干一行、爱一行、专一行自觉融入思想认识，在增强课程认可的同时，实现价值引领、能力培养、知识传授相统一的多元目标。

四是教学思维的创新性。课程育人所展现的是一种创新思维，强调在各门课程中融入思想政治教育。在具体过程中，以新思维催生新思路、以新思路谋求新发展、以新发展推动新方法、以新方法解决新问题，在不断解决新问题的过程中持续推进课程育人的创新发展。

二、课程育人的价值意义

（一）课程育人是地方院校落实立德树人根本任务的重要保障

当前，地方院校教育面临国内国外变幻的复杂环境，各类思潮、多元文化交织带来了更多的挑战，这对高等教育来说，既是发展过程中的机遇，也带来了重大挑战。作为"拔节孕穗期"的大学生，同时具备可塑性与可变性，在课上会接受主流价值的教育，在课外也会受到一些歪曲的舆论或者带有误导性的价值观的渗透。因此，教师不仅要承担知识讲授与专业能力培养的职责，还需要积极向学生传递主流思想，引领学生塑造正确的价值观念。课程育人所蕴含的全课程育人、思政课程、课程思政等理念，让各类学科都承担起价值观教育和精神塑造的职能，肩负起树人重任，打破思政课程孤岛化现象，引导学生提高思想品德、人文素养、认知能力，帮助学生明大德、守公德、严私德。地方院校只有树立知识传授与价值引领协同发展，建立课程育人体系，让教书与育人齐头并进，才能充分保障立德树人根本任务的有效落实。

（二）课程育人是地方院校遵循社会主义办学方向的客观要求

习近平总书记指出："党委要保证高校正确办学方向，掌握高校思想政治工作主导权，保证高校始终成为培养社会主义事业建设者和接班人的坚强阵地。"[①] 培养什么人、为谁培养人，关系到我国高等教育的办学方针；举什么旗、走什么路，关系到我国高等教育的办学性质；为什么建设大学、建设什么样的大学，关系到我国高校的办学路径。解决这些问题的前提

---

① 朱继东．坚持问题导向 开创高校思想政治工作新局面［EB/OL］．求是网，2017-02-23.

是必须把社会主义性质摆在不可动摇的地位，我国高校的明确界定就是在党的领导下具有中国特色社会主义性质，为社会主义建设培养输送各类有用人才，社会主义办学方向是教育的唯一指向。那么，地方院校要遵循社会主义办学方向，其建设方向必然与中国特色社会主义建设的未来方向同向同行，坚持党委领导下的校长负责制，确保在意识形态领域保持马克思主义主导地位不变，培养社会主义合格的建设者和可靠的接班人。地方院校在具体教育实践中，如果仅仅注重专业知识教育，就会在过于强调工具理性中忽视德育，地方院校要明确育人目标，找准思想政治教育工作的着力点，培育学生良好的社会主义道德品质。课程育人对所有课程中蕴含的育人元素的挖掘、运用，是保证地方院校社会主义办学方向的客观要求，对积极引导大学生成为马克思主义理论的信仰者、社会主义核心价值观的践行者以及中国特色社会主义发展的建设者具有重要意义。

（三）课程育人是地方院校提升人才培养实效的有力举措

人才培养的质与量关乎党和国家伟大事业发展的前景，建立高水平人才培养体系要紧抓培养什么样的人、怎么培养人这些核心问题，建立德智体美劳全面发展的培养体系，树立立德树人的根本任务目标。大学生作为社会建设的有用人才，应该拥有强大的综合素质，他们既要具有世界眼光，又要具有中国情怀；既要具有个性特征，又要具有社会责任；既要具有战略思维，又要具有踏实精神；既要对社会弊端愤世嫉俗，又要对社会矛盾持理性态度；既不妄自菲薄，又不妄自尊大。要想适应社会发展需求，应对国际挑战，实施科技兴国与人才强国战略，培养德才兼备的社会主义建设者和接班人，仅仅依赖某一学科、某一群体教师是难以完成的艰巨任务。唯有建立健全课程育人体系，各门课程与思政课程相互呼应，结合学科和专业课程的特点对教学方案进行创新设计，将专业知识中存在的价值理论思想与思想政治理论进行有机融合，进而强化育人观念的显性成效，这样才能促进大学生的成长成才，培育出综合素质强的社会主义建设者和接班人。正如习近平总书记强调，要始终把立德树人融入思想道德教育、文化知识教育、社会实践教育各环节。① 美国教育家杜威也提倡，通过间接的方式，将德育渗透到各个学科和整个学习生活中，而不是采用简单粗暴的直接性德育方法。因此，通过课程育人体系建设，将价值引领的思想根植于各学科的教育过程当中，将知识、理论和方法合理嵌入会更深度、更彻底地打破传统教育理念所存在的局限性，增进知识的学理性和方法的多样性，形成更为系统的、科学的育人体系，提升教育自身的价值并增强其吸引力和感染力，切实提升人才培养的实效性。

三、地方院校课程育人建设存在的问题

总体上看，地方院校坚持育人导向，按照不同类型高校的

---

① 习近平在全国教育大会上强调：紧紧围绕立德树人根本任务 朝着建成教育强国战略目标扎实推进 [EB/OL]. 中国政府网，2024-09-10.

科学定位，统筹推进课程育人，对推进课程育人的重要意义有了统一的认识，但在建设中也存在一些困难与不足。

（一）育人队伍建设存在薄弱

课程育人队伍建设是一项系统性工程，离不开高校党委、各院系、教务处、宣传部等各部门的持续合作，离不开教师、学生以及其他在岗教职工的合力参与，需要在队伍建设的系统作用发挥与整体素养提升上下功夫。

其一，保障协调机制不足。长期以来，地方院校在育人过程中存在重知识能力运用的情况，在课程育人方面，部分院校没有建立起科学系统的育人机制，难以形成育人"和声"。具体来说，多数地方院校均对课程育人工作进行了安排，但对责任人、牵头人、具体负责人等以笼统安排为主，缺少对人员构成、工作职责、工作要求等的规范化部署，不同职能部门、不同院系、不同课程之间易出现各唱各调的情况。对育人队伍建设的激励制度、方面建设不足。对试点课程的发现、推广缺少高位推动，仅申报不落地、不推广的情况时有发生。

其二，教育者育人水平不一。教育者作为育人的主体，其育人能力与水平是课程育人工作开展的基础。从认识上看，存在一定的意识缺位。部分教育者仍然认为学生的思想政治教育工作是思想政治理论教师、思想政治辅导员的事情，他们只需要传授本门课程的专业知识和培养学生专业能力即可，在正心树魂上存在意识缺位，重智育轻德育是比较普遍的现象。从能力上看，存在一定的本领不足。部分教育者不太能把握课程中存在的思想政治教育元素，在教学时间与教学精力投入上，思想政治教育元素与课程内容融合着墨不多。

其三，大学生教育自觉性不强。大学生是课程教育的客体，是有判断能力、有独立思考的接受者。思想政治教育的内容如何入脑入心，除了教育者的教育引导，还离不开接受者的积极主动接受，并自觉转化为指导实践的思想内核。因此，大学生也是课程育人中自我教育的主体。部分大学生的政治敏感度不高，对思想政治教育的内容缺少主动关注，只有充分调动大学生对思想政治教育学深悟透的主动性，才能在专业课、通识课等课程中积极配合教师的价值引领，进而主动总结、反馈，提升课程育人实效性。

（二）课程育人系统化建设存在薄弱

近年来，多所院校做了课程育人的探索实践，形成了一批重点课程、课程思政示范课程、优质课程建设等。这些项目主要着力于单门课程育人建设上，在一定程度上带动了课程育人质量提升，起到了一定的积极示范作用。然而，单一侧重性提高，未能很好地推进不同课程之间的相互促进，课程质量参差不齐，质量较弱的课程缺乏进一步提升的动能，对大学生在课程学习过程中全方位育人理念的体现不足，整体性思维训练的不充分影响课程育人的实效。

此外，课程育人系统化建设存在薄弱还体现在各门课程红色元素、德育元素等思想政治教育元素的挖掘与整合上，其中很重要的体现落脚在校本教材、课堂教学设计、课程资源开发上，如何切合院校特色、行业特色，创新思想政治教育元素的整合始终存在难题。时政热点、国内外案例、专业领域榜样素材等收集整理呈散状发展，缺乏系统化建设。

课程育人囿于教育者认识，在育人时间的协同上易局限于课堂，疏忽了节假日等时间，专业课程在其间容易形成断点，在课程育人时间的系统性、延展性上存在一定薄弱。当然，假期课程育人本身也存在难度。

（三）课程育人方法建设存在薄弱

课程育人是思想政治工作的重要部分，只有正确理解地方院校课程育人工作所面临的社会环境与学生的变化，才能根据形势变化采取相应的措施。从目前来讲，课程育人的方式方法与大学生的立德树人要求还存在一定的差距。容易出现以下几种情况：固定的、模式化的思维造成文件话语、指令性语言较多，学生不易理解。教师在实际授课时的模块化授课方式，刻板化地选择课前几分钟或者课后几分钟做一定的思想政治教育元素理论灌输，育人方式流于形式；课程中点到为止，或者碎片化地拼凑粘贴他人话语，不易引发学生深入思考。缺乏对信息化技术的应用，移动教学、网络运用度不足，不易贴合学生实际。教学内容、方式上缺乏创新性，易出现一次备课多年使用的情况，缺少课堂感染力等。

（四）课程育人考核评价存在薄弱

考核评价是课程育人工作中不可或缺的一部分，对发挥地方院校课程育人的主体作用有推动意义，如何加强教学督导、强化课程育人实效、明确育人目的与育人方向是地方院校推动课程育人需要探索考虑的问题，课程内容是否合理、育人方法是否有效等问题都需要考核评价。一方面，科学的考核和评价是对已结课程的总结；另一方面，总结的经验与教训为下一次课程开展提供了有效指导。目前，多数院校存有对应考核方案，但在具体实施过程中，存在难度。部分考核方案在课程考核指标中，只注重对学生进行专业知识的考核，对职业精神和态度考核往往流于形式，不动真格；在考核方式上多为督导评价与学生评教，还有部分教师不清楚考核的内容，无法对应做出教学调整，在考核方案的具体实施与考核评价的科学性上存在薄弱。

四、地方院校课程育人建设的方法路径

基于地方院校课程育人建设中存在的困难，地方院校要落实"三全育人"要求，需要不断强化体系建设、方法建设、协同机制建设等，立足立德树人根本任务。地方院校在推进课程育人建设过程中，院校党委要强化责任落实，建立党委统一领导、部门分工负责、全员协同参与的责任体系，加强资源整合、督导考核，不断深化以"课程思政"为目标的课堂教学改革，完善课程内容、育人结构等方面的设置，把国家政治价值观、理想信念、人格养成等思想政治教育元素与各门课程的知识、技能传授有机融合，促进显性教育与隐性教育的有机统一、灌输教育与渗透教育的有机统一，促进学生的自由全面发

展，充分发挥教育教书育人的作用，积极探索课程育人实施路径，提升育人效果。

（一）加强顶层设计，形成育人合力

课程育人建设离不开课程育人管理工作的科学化，从宏观角度看，要突出顶层设计和发挥协同效应，必须充分发挥学校党委的统领作用。习近平总书记指出："办好我国高等教育，必须坚持党的领导，牢牢掌握党对高校工作的领导权，使高校成为坚持党的领导的坚强阵地。"① 地方院校党委做好课程育人顶层设计工作，一是党委要发挥主导作用，全校一盘棋，协调多方资源推动相关工作开展。二是持续完善各项机制，形成领导、管理、激励、评估、反馈的完整机制。三是认真凝练试点课程开展效果，扎实推进整体课程育人的有效开展，持续强化教学实施部门的组织领导，通过召开教职工大会、教研室会议、教学学习会、积极申报示范课程等多种方式，持续营造课程育人的良好氛围；开展课程育人示范课堂观摩学习活动；开展"引进来、走出去"等交流活动，强化课程育人示范交流。

（二）提升育人能力，打造中坚力量

习近平总书记在学校思想政治理论课教师座谈会上强调，"办好思想政治理论课关键在教师，关键在发挥教师的积极性、

---

① 习近平在全国高校思想政治工作会议上强调：把思想政治工作贯穿教育教学全过程 开创我国高等教育事业发展新局面 [EB/OL]. 中华人民共和国教育部网站，2016-12-08.

主动性、创造性"①。教师是开展大学生思想政治教育的关键人物，也是课程育人建设的主力军，因此关注教师队伍育人能力提升，是地方院校推进课程育人建设的关键。

其一，加强师德师风建设。学高身正才能为人师表，才能起到良好的示范作用。要引导教师深入理解"四有"好老师的丰富内涵，不仅注重传授专业知识，更要注重用师德师风提升育人效果。教师要努力成为先进思想文化的传播者、中国共产党执政的坚定支持者、学生健康成长的引路人、工匠精神的传承人。坚决做到以德立身、以德立技、以德施教，坚持教书和育人相统一、言传与身教相统一。可以通过问卷测评、个别谈话、课堂督查等方式考察教师的政治态度，对情节较轻的进行继续教育，情节严重的实行一票否决制。

其二，注重提升政治素养。要不断加强教师对党和国家方针政策的理解，厚植爱国主义情怀；加强对地方院校年轻教师的职业生涯规划，通过课程育人的实践锻炼和新要求等，坚定马克思主义立场，重塑质量关，在完成历史使命和社会责任中发展和成就自己良好的政治态度和政治觉悟，引导学生在人生路上走得更远、更顺利。教师要深刻领悟"两个确立"的决定性意义，增强"四个意识"，坚定"四个自信"，做到"两个维护"，这是"总开关"，让每一个教师在政治上靠得牢、站

---

① 光明日报. 办好思想政治理论课关键在教师［R/OL］. 中华人民共和国教育部网站，2019-03-19.

得稳、守得坚。教师要加强政治学习，政治素质要和业务能力一起抓，做社会主义办学方向的坚守者、捍卫者。要用好政治学习、支部生活的学习时间，通过政治理论学习、红色基地参观等认真加强理论学习，学深悟透，用新思想指导自己的科研和教学。

其三，强化专业能力建设。专业能力可以最直观地体现高校教师综合素质。加强专业能力的建设，可以让高校教师更深入地挖掘、整合、提炼本专业的思想政治教育资源，不断强化其教书育人责任感和使命感。高校要经常开展专业技能培训，不断强化教师的专业能力，并且要对培训结果进行考核以保证培训效果。教师之间要发挥传帮带精神，通过相互学习，共同进步。各专业之间要加强交流，帮助教师打破原有学科的思维束缚，推进教学理念和方法的与时俱进，更有效地提升教学能力。此外，注重梳理所授学科的育人元素，例如，学科的形成历史、代表人物与奋斗精神、对社会主义建设发展的贡献、与当前"卡脖子"技术的结合、如何学好这门课程等。

（三）深入挖掘资源，健全育人体系

挖掘课程中蕴含的思想政治教育元素，实现育人效果最大化是当前亟待解决的问题。建立健全课程育人体系，要涵盖思政课程改革、专业课程思政建设、课程示范重点课题申报等，加强建设，实现育人体系的优化。

一是发挥思想政治教育课程育人主渠道作用。实施思想政治理论课建设体系创新计划，以马克思主义理论的学科建设引领和支撑思想政治理论课程改革，编写思政教学案例，通过学生喜闻乐见的方式推进习近平新时代中国特色社会主义思想进课堂、进头脑，从而提升思想政治理论课的实效性。

二是夯实专业课程中思想政治教育内容。专业课程思政建设要融入历史视野，结合发展史普及专业发展历程，进而引领学生感悟发展过程中所体现的人类对自然认知、改造、探索的规律，对社会发展进程及国家发展历史有所了解，进而培养学生的家国情怀。专业课程思政建设要融入伦理教育，职业伦理教育不可或缺，以目标价值导向为原则，培养学生的伦理意识、伦理态度、伦理行为及伦理规范等，使大学生在受教育过程中，养成责任主体意识，尊重自然、尊重社会规范等。专业课程思政建设要融入专业形势与时代背景，将国家发展战略中的重大问题、热点问题和全球性的实时焦点话题等融入核心课程的教学内容。结合科学精神、奋斗精神、爱国精神、大国工匠讲授，要把一些爱国科学家的故事融入进去，把潜心钻研科学技术造福人类的故事融入进去，建立健全专业课程思政建设优秀案例库建设。

三是重视课程思政示范课程建设及相关项目申报。以课程思政示范课程建设、教学设计大赛、典型案例建设、课程思政相关项目申报等为抓手，通过设置课程思政教学改革专项课题，资助建设一批课程思政精品课、示范课等方式充分发挥广大教师课程育人的主体作用，同时强化跨学科的融合，持续推进申报建设、以赛促教等相关工作的开展。同时，注重加强后续推广、学习、交流，持续发挥引领示范作用。

（四）发挥载体作用，提高育人实效

课程育人载体是课程育人过程中教育主体向学生传递教学信息、促进教师和学生之间相互作用的媒介工具，主要包括课堂教学所用的教材课本、课程本身、以育人为目的组织的各类活动以及网络载体等。

教材是承载知识和传递价值的重要载体，是课堂教学的重要工具。教材的选择、编写和修订要结合课程内容，坚持以马克思主义为指导，深入推动习近平新时代中国特色社会主义思想和中华优秀传统文化进教材。充分调研，将教学一线教师的建议作为参考依据，同时根据后续的教学需求，将知识点、案例等以多种形式体现，及时修订，充分满足教学实践的要求。

课堂是课程育人的主阵地之一，教师要注重育人方法，要突出现代技术与方法创新，沿用好办法，改进老办法，探索新办法，线上线下教育相结合，支持课程采用小组研学、情景展示、课题研讨、课堂辩论等方式，综合运用慕课、云课堂等新技术手段组织课堂教学，积极建设智慧课堂，增强课堂活力，提高学生学习兴趣，以生为本，不断提升教学质量。

活动载体是对课程的有益补充。习近平总书记在全国高校思想政治工作会议上强调："高校要注重以文化人、以文育人，广泛开展校园文化创建，开展形式多样、内容积极、格调高雅的校园文化活动，广泛开展各类社会实践。"① 活动的设计和策划要考虑学生的想法和意见，注重学生作为地方院校课程育人客体的主观能动性；在主题选择上要围绕主旋律，及时开展四史教育、爱国主义教育等，要充分体现活动载体的价值意义；活动方式要在贴近实际生活的前提下做到多样化，利用志愿服务、理论宣讲、社会调研等活动，多形式开展实践教学，不断延伸课程育人的参与广度。

网络载体是对传统育人方式的深化。在大数据时代，网络是新的重要的教育载体，要充分利用网络载体，把互联网打造成课程育人的重要阵地。地方院校要积极搭建网络教学平台，推广"慕课""微课"等教学方式，完成课堂教学与网络教学的深度结合。同时，互联网的高速发展，也提供了更便利、更广泛的宣传渠道，地方院校要利用好这一优势，打造弘扬主旋律和传播思政精神的网络平台，让信息化的思想政治教育资源深度融入地方院校课程育人。

（五）强化考核联动，建立评价体系

地方院校建立校领导、教学督导、学院班子成员、课程教师和学生参加的多维度综合教学评价工作体系，重视教学过程评价，增加教学研究和教学成果在评价体系中的权重。用好课程教学评价结果，将其作为学院和班子成员考核的重要指标，

---

① 习近平在全国高校思想政治工作会议上强调：把思想政治工作贯穿教育教学全过程 开创我国高等教育事业发展新局面［EB/OL］. 中华人民共和国教育部网站，2016-12-08.

作为教师绩效考核、职称晋升、评奖评优等的基本依据。健全教学指导委员会工作机制，加强教学调研指导，聘请退休教师担任督导员、青年教师的成长员，不断强化老中青、教学督导综合联动。

第二节 科研育人

科研育人是新时代加强高校思想政治工作，实施和实现三全育人的重要组成部分。2015 年，国务院办公厅印发的《关于进一步加强和改进新形势下高校宣传思想工作的意见》首次提出"教书育人、实践育人、科研育人、管理育人、服务育人"的"五育人"机制，科研育人理念第一次正式出现在中央关于高等教育的重要指导文件中。2017 年教育部颁布的《高校思想政治工作质量提升工程实施纲要》中明确指出要发挥科研育人功能，引导师生树立正确的政治方向、价值取向、学术导向，培养师生至诚报国的理想追求、敢为人先的科学精神、开拓创新的进取意识和严谨求实的科研作风。[①] 随后教育部连续下发了关于科研育人的相关文件，并提出了具体要求。科研育人越来越成为高等教育领域重点关注的理论和实践问题。

---

① 中共教育部党组关于印发《高校思想政治工作质量提升工程实施纲要》的通知：教党〔2017〕62 号［A/OL］. 中华人民共和国教育部网站，2017-12-04.

一、科研育人基本概念

（一）科研育人的内涵

准确把握科研育人的内涵，首先要对科研育人的相关概念有所认识。从语义上看，科研育人由"科研"与"育人"共同构成，是一个复合词。科研，是科学研究的简称，《辞海》将其定义为运用严密的科研方法，从事有目的、有计划、有系统地认识客观世界，探索客观真理的活动过程。换言之，科研是采用了一定的技术、手段和方法去增进关于人类文化、社会知识以及利用这些知识去发明新的技术，去探求反映自然界、人类社会和人的思维等客观规律的创造性工作。也可以理解为，科研是对未知领域进行系统探索、对知识进行创新的活动。它关注现实世界，以知识、技术的方式影响着人与自然、人与自身、人与社会的发展，既有精神层面的价值意蕴，又侧重于探索自然的实践活动。育人，如前所述，是人才培养的一个主要方面，是对学生进行德育、智育、体育、美育等多方面的教育、培养，把学生培养成国家和社会需要的人。习近平总书记在清华大学考察时指出："广大青年要肩负历史使命，坚定前进信心，立大志、明大德、成大才、担大任，努力成为堪当民族重任的时代新人。"① 这里的育人，就是要通过一定的载体而达到培养人的目的，引导人明白向善之道。科研育人，

---

① 立大志、明大德、成大才、担大任 [EB/OL]. 人民网，2021-04-28.

作为一个整体性词汇，就是要把"科研"作为"育人"的载体，在科学研究过程中有意识地融入人才培养需求，在人才培养需求驱动下开展学问研究、真理追求、思想引领、价值创造、文化传承，使人高尚而不是变坏。

关于科研育人的概念，学界有不同角度的有益观点：柳太平（1995）、李淑清（2000）等人认为，要通过科研这种特殊的载体使学生获取知识，提高学生的能力素质；骆郁廷（1997）、刘建军（2008）等人认为，应把科研与思想政治教育有机结合起来，学生在科研活动中既能够掌握科研基本知识，又能够提升思想政治素质和道德品质；黄秋燕（2008）等人认为，科研的教育性与教育的科研性应是内在统一的关系，教学促进科研，而科研反哺教学；李炎（2018）认为，科研育人就是高校教师在指导学生实施科研活动的过程中培养他们的健全人格和优良品格的过程，在这个过程中，主体是教师，客体是学生，内容是健全人格和思想品德，媒介是各类科研活动；潘广炜、赵亚楠等人（2019）认为，要从不同的维度来理解科研育人。科研育人的关键在于深挖科研中的思想政治教育元素，将思想政治教育的价值观念贯穿于科研全过程。基于已有的科研育人，契合地方院校实际，本文所称的科研育人是地方院校广大科研工作者依托科研成果或科研活动等载体，在具体从事科研工作过程中，激发学生浓厚的科研兴趣，培养学生一定的研究能力、创新思维，提高学生的思想政治素质和道德品质，帮助学生树立至诚报国的理想追求、敢为人先的科学精神、开拓创新的进取意识和严谨求实的科研作风，是一种有目标、有责任、有意识的教育引导行为，是培养大学生综合素质和创新能力的有效方式。

（二）科研育人的特点

一是育人目标的方向性。立德树人是大学的根本任务，包括科研在内都应是围绕着人才培养而展开的。科研活动依然要围绕着"培养什么人、怎样培养人、为谁培养人"的内在要求，依然要"为人民服务，为中国共产党治国理政服务，为巩固和发展中国特色社会主义制度服务，为改革开放和社会主义现代化建设服务"，科研育人也应然具备鲜明的方向性。此外，科研育人首次出现在党中央关于高校意识形态工作的文件中，更多的是基于思想政治教育的视角，因此科研育人也在无形之中被赋予更为重要的政治使命，那就是科研育人中所"育"的人一定是"思想政治素质过硬，有着远大的理想、爱国的情怀和高尚的人格，能够形成科学精神、创新素养和优良学风"的人。教师在科研育人的过程中，必须把思想价值引领作为科研育人的核心，把思想价值引领贯穿选题设计、科研立项、项目研究、成果运用全过程，把思想政治表现作为构建科研团队的基本要求，通过科研育人活动提升学生的政治觉悟与思想水平，激励他们为国奉献、为民服务的科研理想。

二是育人方式的实践性。传统的课堂教学是在固定的场所由教师将知识讲授给学生，"教"与"学"的过程侧重于理论知识或者说结论性知识的输入。与传统的课堂教学不同，科研

76

育人在育人方式上，教师需要运用科研活动这一载体，学生需要参与到科研活动的具体实践中，去探究科研知识，去培养学生的科学精神、创新思维、科研能力等。从本质上说，科研活动是一种特殊的人类劳动，而人类劳动的基本特征就是具备实践性。依托科研活动为载体的科研育人，也自然具备了显著的实践性。教师在科研育人的过程中，会有常规性的科研训练、竞技性的科研比赛、创新性的科研实践等活动，学生在参与的过程中，走进实验室了解基本操作，逐步深入地跟随教师开展科研课题等，在具体实践中不断提升科学素养。

三是育人过程的探究性。科学研究具有较多的不确定性与未知性，其本身就是一种探索，是对事物内在规律探究的一个过程，其探究特性是科学研究的显著特征。科研育人同样也是在不断探索未知的科学研究活动过程中，引导学生去发现知识、创造知识，具备主动探究性。例如，学生在确定一个研究课题后，会投入大量的时间与精力去主动探究课题假设的合理性，主动扩充知识和寻找方法解决提出的问题，这种育人过程会更易让学生形成开拓创新的进取意识和严谨求实的科研作风。

二、科研育人的价值意义

（一）科研育人是坚持社会主义办学方向与落实立德树人根本任务的现实需要

科研育人作为一项凝心聚魂、强基固本的基础性工程，对于坚持社会主义办学方向、落实立德树人根本任务具有重要意义。中国特色社会主义制度决定了我国的高等教育要坚持社会主义办学方向，也决定了地方院校科研育人承载着服务学生、教师、党和国家的重要使命。其一，科研育人是坚持社会主义办学方向的现实需要。坚持社会主义办学方向，需要学校直接或间接地对学生的思想进行引领，地方院校不仅要聚焦教学过程中的育人，还要抓紧抓牢科研活动中的育人，实现科教的融合发展。其二，科研育人是落实立德树人根本任务的现实需要。地方院校在落实立德树人根本任务时，激发学生的主观能动性是其核心动力。科研活动的实践性、探索性，让学生能够亲身观察、学习、体验以及不断重构知识经验，一定程度上，有助于学生进一步激发认知自觉，有助于学生进一步发现和掌握自然界和人类社会发展的客观规律，不断提升科研道德素养。2022 年，中共中央办公厅、国务院办公厅印发《关于加强科技伦理治理的意见》，强调促进科技活动与科技伦理协调发展、良性互动。重视科技伦理教育，完善科技伦理人才培养机制。① 推动科研育人体系建设落实落地，要在挖掘科研活动的育人资源上下功夫，实现学生科研素养与科研道德同向同行。

（二）科研育人是地方院校促进人的全面发展的内在要求

马克思指出："人的才能的全面发展，包括了人的体力、

---

① 中共中央办公厅 国务院办公厅印发《关于加强科技伦理治理的意见》［A/OL］. 中华人民共和国中央人民政府网站，2022-03-20.

智力、自然力和社会力等最大限度地发挥。"① 地方院校培养
学生的全面发展表现为学生的心理、生理、科学文化及思想道
德等方面的素质与能力的发展和进步，以及诸素质之间的同
步、均衡发展。地方院校要着眼于学生整体性、系统性与和谐
性的全面发展。从知识能力发展层面，与教学活动相统一，科
研活动是学生知识学习与能力培养的重要途径。从非智力因素
发展层面，科研育人所强调的正是教师寓思想道德教育于科研
活动，在提高学生科研能力和水平的同时，提高学生的政治、
思想与道德素质。通过丰富人的社会关系去实现人的全面发
展。一方面，增强与社会的联系，学生通过一系列科研活动能
够参与到政治、经济、教育、科技、文化等社会关系中，拓宽
接触面，了解发展需求，增强了实现自身全面发展的认知与能
力。例如，从选题到成果推广应用，学生在参与这一过程中，
会切身体悟科技与社会的密切联系，认识到追求科技创新、进
步是国家的希望和民族的未来，认识到实现行业、产业发展需
求是科技工作者的责任，认识到满足人民生产、生活需要是科
技工作者的义务。学生有了这些切身的感受和深刻认识，丰富
了他们的社会认知，更利于学生从单项度发展转向全面发展。
另一方面，增强"生与校、生与院、生与师、生与生"四维关
系，加深对科研环境和科研条件的理解等。例如，学生通过了

---

① 中共中央马克思恩格斯列宁斯大林著作编译局. 马克思恩格斯全集：第 3 卷
　 [M]. 北京：人民出版社，1972：330.

解学校科研管理政策加深对学校办学理念、方向的认识；通过参与教师的科研行为，学习教师的科研精神、科研作风；通过加入科研团队，近距离接触团队成员的学习生活状态，反思吾身，不断丰富学生社会关系，促进学生全面发展，激励学生将个人的发展与国家的发展和前途命运联系起来，把个人的理想追求融入国家和民族的事业中。

（三）科研育人是地方院校培养青年科技工作者的重要途径

世界知识产权组织发布的《2022年全球创新指数报告》显示，中国的创新排名从2021年的第12位提升至全球第11位，中国的科技创新工作已经取得了十足发展。但不可忽视的是，我国在一些科技领域方面仍存在"卡脖子"问题难以解决的不利局面，对高级专业人才的需求，特别是怀有强烈家国情怀的青年科技工作者的需求十分迫切。习近平总书记在中国科学院第十九次院士大会上强调："形势逼人，挑战逼人，使命逼人。我国广大科技工作者要把握大势、抢占先机，直面问题、迎难而上，瞄准世界科技前沿，引领科技发展方向，肩负起历史赋予的重任，勇做新时代科技创新的排头兵。"① 要把科研育人作为突破育人困境的重要途径，培养青年学子热爱祖国、服务人民的家国情怀，激发学生科技强国、为国奋斗的理想信念。此外，科研育人也是育人过程中价值传递的合宜方

① 习近平：在中国科学院第十九次院士大会、中国工程院第十四次院士大会上的讲话［EB/OL］.新华社网站，2018-05-28.

式。地方院校科研育人是一个双向互通、共同参与的过程。师生共同锚定某一研究领域共同探究、通力协作，在科研互助中体验了师生之"情"，在科研困境中强化了科研之"意"，从而提升科研育人的"温度"，让科研过程成为价值传递的过程。

三、地方院校科研育人建设存在的问题

"三全育人"是一项系统工程，需要系统构建育人体系，科研育人就是其中不可或缺的重要基石。我国科研育人已有一定的基础，整体呈现积极、向上态势。从学校、教师、学生等三个维度看，地方院校科研育人体系建设在机制建设、利益配置、文化认知等方面也还存在着诸多难题，亟待进一步解决。

（一）学校机制建设、育人氛围存在薄弱

一方面，地方院校科研育人机制建设不充分。制度作为地方院校科研育人的物质载体，是高校科研育人工作开展的关键。科研育人的制度主要指与育人相关的科研考核制度、科研激励制度、科研财务管理制度等。目前，制度建设的困境是很多地方院校在推进科研育人实效中面临的共性问题。具体来看：其一，存在评价机制与育人激励机制不健全的问题。教育评价导向决定着育人事业的发展，地方院校对教师的考核评价大多以传统的评价指标，如教师的科研项目层次及数量、论文专著、发明专利、政府奖励等显性因素为主，间接弱化了教师在科研活动中育人成效的考核，对如何培育学生缺少对应的机制设计，易淡化教师育人主动性。其二，存在科研育人保障机

制不健全的情况。在地方院校推进科研育人的过程中,学校职能部门、专职教师、学生工作队伍等都是推进科研育人工作的具有能动性的组织者及实施者,但在具体协同推进过程中,缺少协同育人、共育共建的高匹配度机制。同时,科研育人保障机制容易被忽视,部分院校未设置科研育人专项经费,没有为科研育人活动提供必要的财务支持,限于专项经费或单列经费,教师的科研育人主动性易受影响。

另一方面,高校科研育人氛围营造不足。科研育人的强调与解读常以会议形式开展;内宣上校园报纸、广播及宣传设施栏等对科研育人宣传着墨不多,实验室等研究场所对科研事迹介绍、励志格言等上墙不多;小环境氛围营造不足,不同高校、不同院系的科研团队数量参差不一,团队规模大小不一,团队紧凑性不一,重业务轻育人等情况影响育人实效。如果高校在管理及科研团队的运行过程中无法持续深入推进科研育人,那么也就不会形成浓厚的科研育人氛围。

(二)教师育人意识、育人能力存在薄弱

一是部分地方院校教师主体地位不明、职责不清的问题仍然存在,在育人意识上主动性不足。从实践层面上看,科研育人活动难以通过课时、考试等课堂教学的常规活动实现标准的量化,教师的科研育人主体地位不易树立。从认知层面上看,地方院校教师作为具体行为的行动者,科研动机往往来源于取得更大的利益。社会学家科尔曼在理性选择理论中表明,合理性是理性行动者的基础,而行动者的行动原则可以表达为最大限度地获取利益。"全身心投入科研，取得个人学术成就"显然是要比"教师在科研活动中对学生进行思想道德教育"更能够成为教师认知层面的首选，而这种认知还会随着时间的推移以及获得的利益而不断得到强化。部分教师对应付考核、晋升职称和创收赚钱等功利性追求远高于对科研的社会价值和教育价值的追求，应付考核成为教师从事科研的首要目的，对探求知识、破解未知和创新科技、服务社会的聚焦不够。此外，在对学生培养上，还有部分教师存在"本科生学好基础课就行，搞科研顶多是研究生的事情"等类似的传统观点，存在意识偏狭。虽然还有一部分高校教师能够认识到科研育人的重要性，但科研育人的教师本位意识不强，指导学生参与科研的热情和耐心、责任心不足，存在"软化"或者"淡化"育人情况，在科研活动中没有最终形成开展育人的主动性和自觉性。

二是部分地方院校教师育人能力不足。育人工作需要教师有目的、有计划、有组织地对学生的思想道德进行规范的教育和科学的引导，需要教师投入时间去提升育人能力。在具体育人能力方面，并不是所有教师都具备通过讲座、讨论、谈心等有意识地专门对学生进行思想道德教育的能力。部分青年教师在从被教育者向教育者的转变过程中，需要一定的适应时间，育人能力也存在不足，在育人工作上存在缺位。

（三）学生科研认识、科研参与存在薄弱

学生是科研育人的对象，同时在与主体互动的过程中，受主体影响，也作用于主体的提升。较之国内重点院校，地方院校在生源上有一定的差距，地方院校本身的学术科研氛围、育人土壤也有一定的差距，学生科研认识的偏差、科研参与的不深入，会影响到育人实效。

其一，学生对科研活动的认同度不充分。大学生正处在人生拔节孕穗期，世界观和人生观正在形成，容易受到外界条件的干扰和影响，网络发展中客观存在的碎片化甚至虚假化的信息，容易使其陷入价值观念混乱。如时常能接收到学术腐败、学术不端等现象信息，就容易使学生对科研活动所具备的家国情怀、奉献精神等信任度降低。

其二，学生对科研活动的参与度不充分。主要存在以下几方面的困境：一是时间不足，无论是研究生还是本科生，有其必修、选修课程，在科研时间投入上一般是课余时间，存在时间投入的难题。二是参与不深，多数本科生在四年学习期间基本未参与过教师的科研活动，即便是有机会参与的，囿于学科背景、专业知识、安全管理等方面的限制，很难进入教师科学研究的核心部分，大多从事的是比较简单的收集整理工作、实验数据记录、实验设备管理等事务性工作，学生往往感到自己成了教师的"义务劳动力"，很难在参与教师的科研过程中产生获得感和成就感。三是育人内容碎片化，科研育人一般不具备大纲与教案，教师也容易淡化备课环节，缺少系统性与连续性，难见育人实效。

84

四、地方院校"科研育人"建设的方法路径

科研育人是"三全育人"的重要途径。作为地方院校培育人才的重要组成部分，科研育人应当从制度体系构建、教师队伍与有组织科研平台建设、强化学生科研认识等方面协同发力，最大效度激发地方院校育人活力。

（一）构建地方院校科研育人机制

一是统筹构建科研育人管理体系。科研育人管理体系构建是一个涉及顶层设计、组织管理、部门管理众多内容的复杂化、系统化过程，需要党委领导的正确指挥与大力宣传。地方院校党委要加强领导机制建设，建立党委统一领导、相关职能部门为主导、院系为主体的"三位一体"育人机制。职能部门与院系既要划分权责边界，又要协同共进，尤其是科研部门、宣传部门、教务部门、学工部门、财务部门要加强联动，形成各部门全方位多层次的育人队伍，推动科研育人立体化发展。同时，注意管理方案的修订落实，在科研的环节和程序方面，不断做出改进，将正确的思想价值观融入科研育人过程中，将思政纳入科研团队的考核中，对取得明显成效的经验及时总结提炼上升为政策制度，逐渐形成覆盖面广、普及度高的政策体系。

二是统筹完善科研育人评价体系。逐步规范、完善科学研究评价体系，将科研育人的考核结果同教师绩效、职称评定等挂钩。一方面，在职称评审条件及聘期任务设置时，坚决破除

"四唯"倾向,除了要考虑教师获批的项目、取得的成果等,还要把科研育人的内容纳入考评体系,在制度上对教师将科研成果转化为育人成果、指导学生扎实开展科学研究或积极参与创新创业竞赛、开展学术讲座等科研育人内容予以认可,作为职称评审、聘期任务考核、年度绩效考核的重要依据。另一方面,科学运用科研育人考核结果,根据考核评价制度制定相关的奖惩制度。对在科研育人工作中表现突出、成效显著的集体和个人给予物质及精神上的奖励,对科研失信及违反科研育人相关规定的教师给予相应处分,推行职称评审、聘期考核科研失信"一票否决制",取消评优资格、进行批评教育等。

三是统筹建立科研育人经费保障体系。地方院校在资金使用中要对科研育人予以经费保障,结合具体校情,专设科研育人专项经费,用于保障科研育人专项课题、开展校园科研育人模范典型评选、举办科技竞赛、科研育人讲座等。此外,也注意向上争取政策,对外争取社会资金,联合地方政府、企业共建实验室、研究院或者设立科研育人基金等,进一步为科研育人提供稳定而坚实的平台和资金保障。

(二)建设地方院校科研育人队伍

一是前置源头关,强化科研育人队伍的整体规划。以引育结合为原则,根据地方院校科研育人实际需求,有计划、有步骤地引进首席专家、学科学术带头人和博士等高层次人才,为科研育人队伍增加新鲜血液;摸清学校科研育人队伍底数,积极培养现有教师骨干,通过校内培训,有计划地选派教师到国内省内高校、科研院所进修、访问或开展学术交流，开阔教师的学术视野，提高其科研水平以及科研育人的信心与能力；推进"大师+团队"的创新团队建设模式，培育优势学科领域的专家和带头人，专攻研究方向，组织有实力教师的参加团队，形成高水平的团队。

二是把握思想关，强化科研育人队伍的政治素养。加强教师的教育培训，培养教师科研育人的意识，引导教师成为大先生，做学生为学、为事、为人的示范。其一，促进教师对党和国家关于科研育人及其相关理论的学习和领悟，加强对教师爱国、创新、求实、奉献、协同、育人的教育，弘扬科学家精神，开展学风建设，真正将育人意识融入"教师"角色，使其成为科研育人的"主力军"。其二，筑牢教师自觉遵守科技伦理要求的底线思维，强化作风建设，将科技伦理理念融入育人工作，重视自身科研诚信和综合素质的提升。其三，鼓励教师将育人贯穿科研活动各个环节，在申报科研课题、开展科研实践、撰写科研论文等环节中，吸纳学生加入科研团队，让学生充分融入团队文化，感受团队氛围，吸取团队精华，学习个体优点，提高学生综合素质、创新意识与创新能力。

三是打破壁垒关，强化科研育人队伍的协作交流。一方面，打破师生"壁垒"，探索落实科研团队"导师制"，设立学生导师，在科研团队中吸收一定数量的研究生、本科生参与科研活动，并一一配备科研导师，对学生课程学习、科技竞赛提供理论、方法论指导，言传身教开展学术诚信教育。另一方面，打破师师"壁垒"，打破学院、专业直接壁垒，加强学科建设交流，均衡导师资源。打造"专业学科+思政""专业学科+公共基础学科"等强强联合，开放协作交流，共建科学有效的科研育人队伍合作，建设一支师德高尚、业务精湛、结构合理、充满活力的科研育人教师队伍。

（三）发挥学生主体主观能动作用

一是优化学分、专项奖金等设置，引导学生积极参与教师的科研活动，扩大研究生、本科生参与科研活动的覆盖面。其一，探索设置教育科研学分，基于学生本身的学习能力、科研能力的差异性，地方院校可以将科研学术设定为非必修类，通过课程与实践相结合形式，强化对学生的科学精神、科研兴趣、创新意识的启蒙与培育。其二，探索设置学生科研专项基金，结合学校学生实际情况，调研设立研究生或者二三四年级本科生的学生科研专项基金或者创新项目基金，每个立项由其指导教师对学生进行项目管理、科技伦理等教育指导。

二是鼓励成立科研兴趣小组、社团等，充分发挥朋辈引领作用。地方院校可以加大对学生科研兴趣小组、社团的支持力度，有条件的地方院校可以给予一定的经费支持、工作室配备，整合现有的校内平台资源，对校内实训实验室资源、科研平台资源进行互补打造，在符合安全管理规定的前提下适当开放实验室、科研中心，保障学生可以利用先进的仪器和设备开展研究，为学生开展或者参与科研活动提供客观保障。对于有兴趣参与科研活动的学生，加强指导，搭建平台，提供教师科研方向与学生科研意向信息双向了解的渠道。畅通研究生与本科生的科研培养衔接，增进研究生和本科生的日常交流与科研训练，使本科生充分了解专业教师的研究选题。

三是支持学生参与各项科研活动，打造丰富的科研育人平台。有条件的地方院校定期组织开展科技文化节、科普活动日、创新创业赛事、学生学术报告会等多种多样的科研育人活动，培养学生参与学术、科研活动的基本素养。其中，对创新创业赛事，形成有组织的培育机制，将"互联网+""创青春"等创新创业赛事与专业实践相结合，定向选拔种子队伍配备指导教师，引导学生面向国家战略需要与社会发展大局选题，在"实践—认识"的循环反复中去实现科学报国、服务人类，敢为人先、争创一流的创新精神的综合提升。

（四）优化地方院校科研育人环境

一是注重科研育人政策及先进典型的宣传。通过网站报道、新媒体、广播宣传、报纸印发、校内横幅展架设置等，加大对国家和学校科研育人政策、科技报国楷模、校园科研育人榜样、扎根基层服务基层科技人员等内容的宣传报道，营造良好的科研育人环境，在潜移默化中引导、影响学生成长营造良好的科研育人氛围。

二是注重所在地域科研育人文化挖掘。依托地域科研育人的思想政治元素，如科学家故居、科技馆等地，把这些资源运用到学生的思想品德行为养成实践中去，使科研育人的教育更有亲和力、感染力和说服力。

三是注重所在学校科研育人文化培育。地方院校可以结合学校特色，挖掘行业、专业科研方面的思想政治教育元素，有条件的地方院校也可以设置办学成果展或者科技成果展览场馆，收集展出能够反映学校学术水平与科技贡献的教师、学生的代表性科技成果，弘扬学校精神，将继承与发展相结合，在校内形成具有学校特色的文化氛围营造。另外，也可以合理利用入学教育、专业课堂、文化大讲座、学科建设会等环节，让讲授者讲述世界前沿科技问题、"卡脖子"问题、科研工作感悟、基层工作服务经历等，培养学生的科研兴趣与能力。

第三节　实践育人

"生活即教育""社会即学校"，陶行知强调让教育回归生活，从生活中学习，接受教育。习近平总书记在北京大学师生座谈会上的讲话中指出："学到的东西，不能停留在课本上，不能只装在脑袋里，而应该落实到行动上，做到知行合一、以知促行、以行求知，正所谓'知者行之始，行者知之成'。"①实践是中国特色社会主义教学的重要组成部分，是学校新时代育人的重要举措，是学生了解社会的重要途径，是链接学校和社会的纽带。实践育人作为高校十大育人体系之一。加强教育

---

① 习近平：在北京大学师生座谈会上的讲话［EB/OL］. 新华网，2018-05-03.

与社会、生活实践的联系，使教育与生产劳动相结合、与社会实践相结合，是实践育人的重要方向。

党和国家重视实践育人工作，积极探索教育的理论与实践。2004 年中共中央、国务院发出的《关于进一步加强和改进大学生思想政治教育的意见》中指出，学校要将教书与育人、政治理论教育和社会实践高度结合，采取积极措施，增强实践育人成效。2016 年习近平总书记在全国高校思想政治工作会议的讲话中明确了实践育人是思想教育体系的一个重要环节，也是教育过程必不可少的环节，是育人的重要举措。2017 年中共中央、国务院印发的《关于加强和改进新形势下高校思想政治教育工作的意见》中指出，进一步加强实践育人工作，提高实践教学比重。2017 年 12 月，教育部党组印发的《高校思想政治工作质量提升工程实施纲要》提出将实践育人纳入十大育人体系，表示要扎实推动实践育人，坚持理论教育和实践养成相结合，整合各类实践资源，构建"党委统筹部署、政府扎实行动、社会广泛参与、高校着力实施"的实践育人协同体系。2019 年，中共中央国务院印发的《关于加强和改进新形势下高校思想政治工作的意见》中指出，要坚持将思想价值引领贯穿教育教学全过程、各环节，形成实践育人的长效机制。2020 年，教育部等八部门联合印发的《关于加快构建高校思想政治工作体系的意见》中指出要推动构建政府、社会、学校协同联动的"实践育人共同体"，为实践育人路径构建指明了方向。2023 年，共青团中央、全国学联印发《关于增强新时代大学生社会实践活动实效深化共青团实践育人工作的意见》指出要发挥共青团实践育人在高校"大思政"工作体系和"三全育人"工作格局中的重要作用，推动社会实践活动内涵化、规范化、常态化、长效化发展，为新时代实践育人工作的创新发展和深入推进指明了方向。

一、实践育人基本概念

（一）实践育人的内涵

1987 年颁发的《关于广泛组织高等学校学生参加社会实践活动的意见》正式确立了社会实践在教育中的重要地位。2005 年共青团中央和教育部共同颁发的《关于进一步加强和改进大学生社会实践的意见》首次提出"实践育人"概念，明确了社会实践活动的要求。2012 年由教育部、中宣部联合颁发的《关于进一步加强高校实践育人工作的若干意见》中正式以文字形式提出实践育人的概念。2017 年教育部明确将"实践育人"作为十大育人体系之一。对实践育人内涵的认识和理解，有助于推动教育事业的发展。

明确实践育的内涵，首先对"实践"与"育人"进行理解。"实践"一词最早作为一个独立的概念出现在哲学中的古希腊时期，亚里士多德将实践理解为"正确的行为，一个人完

92

全完满的完成自身构成目的的活动"①，也就是说实践的本质
是人使自己不断成为人的活动，而这些活动有利于人的发展完
善。马克思认为"全部的社会生活都是实践的"，具体地说实
践是人类社会存在和发展的基本方式，同时马克思赋予实践概
念以认识论的意义。② 综上实践作为人类在特定的社会组织中
的重要活动，是一种主客体之间的双向化进程，不仅包含了有
目的的认识活动，更涵盖了对世界的积极改造。"育人"是指
培养、教育，对受教育者进行德育、智育、体育、美育等多方
面的教育、培养。育人的目的是使教育对象能全方面发展。
"育人"在实践育人中指的是通过实践活动，提升学生的品质、
能力和综合素养，包括道德品质、实践能力、创新思维能力、
团结互助能力等，通过实践促进人的全面发展。

近年来，学界对实践育人内涵的研究，不同学者有不同的
观点。王梦婷认为实践育人是主客观相互作用的过程。③ 申纪
云在《高校实践育人的深度思考》中从三方面理解实践育人内
涵，一是遵循马克思主义教育原理的基本要求，二是符合学生
的成长的发展需求，三是统一现代教育理念、模式和实践。④

---

① 刘晓敏. 地方本科院校实践育人能力提升策略研究［D］. 保定：河北大学，
2017.
② 刘晓敏. 地方本科院校实践育人能力提升策略研究［D］. 保定：河北大学，
2017.
③ 王梦婷. 实践育人的原理、机制与方法［J］. 西部素质教育，2024，10
（2）：92-95.
④ 申纪云. 高校实践育人的深度思考［J］. 中国高等教育，2012（Z2）：11-
14.

郭顺从宏观、微观层面分析实践育人科学内涵。① 刘莹、王鉴认为实践育人是培养学生解决问题的能力，是促进大学生全面发展的教育目标。② 尹焕晴、李新仓从过程与方法角度、教育主体与对象的角度分析实践育人的内涵，指实践育人实现了"学思行"合一。③ 尹晗昕强调实践育人是教学、实践与教育相融合的育人机制。④

（二）实践育人的特征

一是实践育人活动的实践性。一方面实践是人的根本特征。这一特征决定了人们必须通过实践活动提高学历能力、丰富理论知识、提高实践能力，增强综合素质，提升精神品质，这种特征在实践育人中尤其重要，通过参与实践活动，人们亲身感受，并从中不断学习和进步。另一方面马克思主义认为实现人的全面发展是教育的最终目标，为了实现这一目标，必须将教育与生产劳动相结合。⑤ 实践是人全面发展的有效途径之一，也是检验其是否合格的根本方式。人通过实践活动提升自我，从实践到认识，由认识到实践，再实践，再认识多次反

① 郭顺. 高校实践育人共同体的内涵及发展路径［J］. 吉林省教育学院学报，2023，39（10）：68-72.
② 刘莹、王鉴. 中国基础教育实践育人的内涵、特征与路径［J］. 学术探索，2023（6）：133-139.
③ 尹焕晴. 高校红色文化育人的内涵、特征与功能分析［J］. 产业与科技论坛，2023，21（23）：71-73.
④ 尹晗昕."实践育人共同体"视角下大学生社会实践基地建设研究［J］. 辽宁经济管理干部学院学报，2023（6）：103-105.
⑤ 蔡昕. 高校实践育人政策研究［D］. 洛阳：河南科技大学，2019.

复，不断培养正确的道德素养，真正实现人的全面发展，达到马克思主义所追求的目标。

二是实践育人对象的主体性。人既是实践育人的对象，也是开展实践教学、实践活动的主体。从传统的教育活动来看，教育者传授知识，教育的主导者和组织者，是教育的主体。从新型实践育人活动来看，被教育者通过实践活动主动学习知识，逐渐成为教育活动的承担者、实施者，充分发挥主观能动性，培养人的自主意识和创新能力，也是教育的主体。总体来看，人始终是实践的主体。

三是实践内容的综合性。人的综合素质培养是实践育人的落脚点，是对人才培养体系的综合考评。实践育人内容丰富多样，对人综合能力的培养起到决定性作用。实践育人内容不仅是知识的学习，还涵盖了思想道德、艺术审美等多方面内容。通过对人的思想政治、文化知识、实践能力等方面的综合培养，切实满足社会发展需要。同时实践活动可以检验人的价值观念、加强理论知识教学成果，实际工作中应用知识的能力。

四是实践形式多元化，实践育人形式多样，包括实验、实训、实习、社会实践、志愿服务、创新创业等多种形式。这些形式可以根据不同学科不同学生特点、不同实践和不同的地点选择和组合，涉及不同的实践互动，培养学生全面发展能力。实现教育资源的优化配置，提高实践育人效果。

二、实践育人的价值意义

（一）实践育人是落实党的教育方针的必然要求

党的教育方针是指：坚持马克思主义指导地位，坚持中国特色社会主义教育发展道路，坚持社会主义办学方向，立足基本国情，遵循教育规律，坚持改革创新，以凝聚人心、完善人格、开发人力、培养人才、造福人民为工作目标，培养德智体美劳全面发展的社会主义建设者和接班人。党的十八大以来，以习近平同志为核心的党中央着眼于党和国家的教育事业发展全局，从社会主义现代化建设和民族复兴战略高度，深刻回答了"为谁培养人、培养什么人、怎样培养人"的一系列重要问题，丰富和发展了党的教育方针。[①] 习近平总书记强调在党的坚强领导下，全党贯彻党的教育方针，这为新时代党和国家教育事业发展指明了前进的方向，提供了根本遵循，对整个教育活动都具有定向的作用。党的二十大报告指出要坚持为党育人，为国育才的方向，不断提高人才培养质量，落实好立德树人根本任务，扎根中国大地办教育，把教育同生产劳动、社会实践等紧密结合起来，加快建设高水平、高质量的教育体系，发展素质教育、促进教育公平。[②] 更好地促进大学生的全面发展，促使其成长为堪当重任的时代新人。党和国家注重坚持教

[①] 习近平：出席全国教育大会并发表讲话 [EB/OL]. 新华社，2018-09-10.

[②] 习近平：高举中国特色社会主义伟大旗帜 为全面建设社会主义现代化国家而团结奋斗 [EB/OL]. 新华网，2022-10-16.

育与生产劳动相结合，理论联系实践的融合发展，地方院校在落实党的教育方针时不仅需要传授知识，同时要注重实践能力和素质的培养，让实践和教育紧密结合，共同推动实践育人工作开展。

（二）实践育人是提升"三全育人"工作质量的重要抓手

党的十八大以来，以习近平同志为核心的党中央高度重视新时代育人工作，多次强调全员全过程全方位育人。"三全育人"是坚持正确办学的必然要求，是落实立德树人根本任务的迫切需要，是铸牢中华民族共同体意识的重要抓手。实践育人是"三全育人"体系的重要组成部分，是提升"三全育人"质量的重要抓手。① 实践育人不仅是政府、学校、社会、家庭承担育人责任，是育人的主体，学生参与实践活动，促进自己全面发展，也承担育人责任，是育人主体，这体现了"全员育人"。实践育人贯穿教育教学全过程，体现"全过程育人"。实践育人要利用各种教育载体，例如，校园环境、文化建设、社会实践、勤工助学等，提升育人综合能力，体现了"全方位育人"。扎实推进实践育人体系建设，探索构建"三全育人"体制机制，提升育人综合能力，凝聚育人强大合力。新时代地方院校要将各方力量融入实践教育，凝聚起政府、社会、学校、家庭、个人五位一体的强大育人合力。

---

① 李金林：全面提升新时代"三全育人"工作水平和质量［EB/OL］. 中国民族报，2022.

（三）实践育人是促进学生全面发展的重要途径

实践育人是大学生综合素质教育的重要环节，通过实践促进学生认识国情，了解社会，受教育、长才干，帮助学生坚定理想信念，厚植爱国主义情怀，更好地服务社会发展。一是实践活动可以结合本专业的特点，专业的社会实践基地和指导团队是学生社会实践与专业相结合的重要载体。针对性地指导学生实践，深化课程知识，巩固和提高专业技能。让学生切实感受专业知识的应用效果，提高专业认同感。二是实践育人活动能提升学生的思想政治素养，树立正确的人生观、价值观和世界观，让学生增强政治信念，提高政治素养。同时还能培养学生适应社会的能力，促进身心健康发展，健全人格。三是促进校园与社会接轨，让学生走出寝室，走出校园，利用自己学到的知识，服务社会，服务产业，搭建起校园与社会的桥梁。实践教育理论和实际相结合，整合各方资源，丰富育人内容，拓宽育人平台，完善保障机制，发挥好实践育人工作对学生的促进作用，帮助学生在实践中深化政治认同、培养家国情怀、增强创新能力，提高综合素质，为我国社会主义现代化建设培养大量的创新人才，实干人才。

三、地方院校实践育人建设存在的问题

随着党和国家对实践育人长时间探索研究，提高对实践育人重视程度、实践育人水平不断提高，育人机制的不断完善，实践育人活动内容日益丰富、活动形式不断多样化、活动效果

逐渐提升。实践育人工作是一项系统性的工作，仍然存在一定的问题，制约实践育人高质量发展。

（一）实践育人政策落实不到位

一是实践育人是新时代思想政治教育的关键环节，应积极推进，部分地方院校由于对实践育人认识存在一定的偏差，对实践育人重要性认识不够全面，忽视实践育人活动，实践育人理论联系实践不够，缺乏专业的指导和规划，部分学生为了获得相应的学分，存在敷衍了事、完成任务的心态参与实践活动，没有认识到实践活动蕴含的精神，实践育人内在价值得不到充分的发挥，导致实践育人政策不能很好地落地。二是学校、学生、社会等对党的教育方针把握落实不到位，是实践育人面临的最大问题。部分地方院校不断扩招，由于对政策理解不够全面，忽略了学生的人才培养质量、就业质量、人格培养等，缺乏对实践育人工作的整体规划，导致实践教育的辅助形式，学生参与的积极性不高，实践育人效果较差。因学校政策不到位，导致专业教师、思政课教师、辅导员对学生实践教育引导较少，出现"高分无能"现象，学生与社会发展严重脱节。三是实践育人缺乏针对性。部分地方院校对实践育人政策理解不透彻，导致实践育人活动没有考虑学生在道德认知、实践能力等方面的差异，实践育人活动设计笼统，缺少针对性、层次性，降低学生参与活动的积极性和主动性，影响实践育人效果。

（二）实践育人活动创新和吸引力不足

一是教育理念落后，传统的应试教育理念仍然占据主导地位，重理论，轻实践，是我国教育高质量发展的根源之一。部分地方院校注重和强调理论学习，知识传授，忽略了实践教学，忽略了学生的实践能力和创新精神的培养，导致教育和实践分离，实践育人作用难以发挥。二是实践形式内容单一，部分院校实践育人活动长期使用同一种形式，使实践活动变得枯燥。部分院校采用传统的组织方式，统一安排，学生被动参与，忽略了学生的主动性和创造性，难以激发他们的兴趣和热情。同时部分院校处于自我封闭状态，长期"换汤不换药"，内容缺乏创新，难以激发学生参与的积极性。

（三）实践育人专业指导不够强

一是实践资源有限，实践育人需要考虑到资金、交通、场地、设备等情况，部分院校缺乏这些资源，在一定程度上限制学生的实践机会，进而影响他们的实践能力。同时出于财务、安全等方面的考虑，参与实践的人数等情况，部分学生的实践教育是在毕业实习期间，缺乏有效的指导，导致学生适应社会的能力不足。二是实践育人教育者的经验不足。实践是一个系统性的工作，需要学校实践动员、严谨的项目申报、审批，相关部分的监督和服务，实践结果评估等，然而部分学校在项目申报过程中严格把关，对活动的监督指导不够等，导致实践结果不明显，部分教师缺乏实践经验，难以对学生进行有效的指导和帮助。

（四）实践育人组织保障机制不健全

在社会实践中，部分高校缺乏计划，实践时间得不到保障，实践学分较低、组织不完善，保障机制不健全。一是没有形成协同育人机制，党和国家出台的多项政策中提到要加快构建政府、社会、学校、家庭等实践育人协同育人大格局。部分院校没有明确育人职责，没有做到全员参与，学校、家庭、社会参与存在环境差异，缺少必要的沟通和联系，没有形成协同联动。部分院校内部思政课教师、辅导员、班主任、党团干部协同联动较少。缺少协同意识，导致实践教育不能贯穿学生成长成才的全过程。二是缺乏有效资源。实践活动的开展需要充足的资源支持，包括场地、设备资金等，由于各种原因，部分院校实践活动资源投入不足，活动的质量和效果难以得到保障。三是实践育人体系不完善，课程设置不合理，教学评价标准不明确，导致学生无法系统地学习实践技能，进而影响他们的实践能力。四是师资队伍保障不足，师资结构不合理，教师整体实践育人素质不够高，部分指导教师的知识体系不够完善，观念未及时更新，缺乏指导经验。

四、地方院校实践育人建设方法路径

实践育人是新时代十大育人体系之一，是提升教育质量的重要推手。习近平总书记明确指出要把理论和实践相统一，把课程教学和实践教育结合起来，引导学生树立远大志向，培养学生的创新精神和担当意识。针对地方院校实践育人面临的问题，探析地方院校实践育人路径进行，推进学生实践教育长效机制建设。

（一）完善实践育人工作运行机制

一是实践育人是一项全面系统的工作，地方院校要以立德树人为基础，全盘考虑，统筹规划，建立完善的工作体系，强化党的领导和引领作用，确保实践育人正确方向。同时加强顶层设计，着力构建"三全育人"工作格局。统筹学校实践育人相关部门、马克思主义学院、二级学院等各部门协同，以学校为主导，加强与政府、企业、社区等各方面的合作，建立多元实践育人平台，确保育人工作实施的科学性，规范性和实效性。二是正确认识实践育人的重要意义，要认识到实践育人在人才培养中的重要性，地方院校要认真学习，加强宣传，增强师生实践育人意识。

（二）夯实实践育人的基础环节

随着时代的发展，新时代实践育人要与时俱进，实践育人要做到因时而谋，因势而动，新时代实践育人要实现高质量发展，必须夯实实践育人基础环节，明确实践育人目标，丰富实践育人内容，创新实践育人方法和形式，旨在实现高质量的发展。

一是要明确实践育人目标。实践育人随着时代的进步不断地丰富和完善，新时代围绕"培养什么人"的问题，要立足于全面建成社会主义现代化强国、实现中华民族伟大复兴的中国梦。明确育人目标，首先要培养德智体美劳全面发展的社会主义建设者和接班人，地方院校要认真贯彻落实党的教育方针，将实践育人贯穿教育教学全过程，引领学生自觉践行社会主义核心价值观，促进学生的全面发展。其次要培养担当民族复兴大任的时代新人，是实践育人的时代目标。党的十九大指出，培养担当民族复兴大任的时代新人，是中国特色社会主义进入新时代的迫切需求。实践育人为培养时代新人提供了重要平台，新时代青年肩负民族复兴的时代使命，是实现第二个百年奋斗目标和全面建成社会主义现代化强国的主力军，地方院校要全面把握时代发展要求，聚焦民族复兴历史任务，根据学生的实际需求培养具有创新精神、实践能力、国际视野等的时代新人。最后要培养有理想、敢担当、能吃苦、肯奋斗的社会主义接班人，党的二十大明确指出，中国青年要成长为有理想、敢担当、能吃苦、肯奋斗的新时代好青年，地方院校要牢记实践育人时代使命，把握目标，引导学生自觉肩负起时代使命和社会责任，为民族复兴贡献力量。

二是丰富实践育人内容。站在第二个百年奋斗的新起点上，实践育人也有了更高的要求，2021 年中共中央国务院印发的《关于新时代加强和改进思想政治工作的意见》中强调新时代思想政治教育要用习近平新时代中国特色社会主义思想武装头脑，教育人民，推动理想信念教育制度化常态化、培育和践行社会主义核心价值观，加强党史，新中国史，改革开放史，社会主义发展史和形式与政策，加强社会主义法制教育，开展防范化解重大风险宣传教育。一是实践内容多样性，地方院校实践育人工作在坚持立德树人的基础上，以学生理想信念教育为核心，厚植爱国主义情怀，组织大学生参观红色教育基地，访问红色人物，利用重大节日，开展主题不同、内容多样的实践活动，不断丰富教育内容，主动把理论和实践育人相结合，引导学生深化认知，增长才干，提高实践育人工作的有效性，推动新时代实践育人工作纵深发展。二是实践教育课程多样化，通过实验、实习、实训、课程设计、竞赛、创新创业教育等，引领学生在实际操作过程中掌握知识和技能，培养创新创业思维，提高动手能力和解决问题的能力。

三是创新实践育人方法和形式，新时代实践育人工作在继承优良传统教育的基础上，集合信息化、数据化的特点，让实践育人走出教室，走向社会。首先实践教育要关注实践自身发展特点，不仅要学校专业特色，将实践育人工作和学科专业相结合，同时要充分考虑学生的现实需求，针对性选择实践育人内容和形式，针对性开展实践教育，打造学校特色实践育人品牌，增强实践育人影响力。其次要引入多元的教学方法，比如，案例教学、项目学习，翻转课堂、虚拟现实教学等，增强学生的兴趣和参与度。充分依托新媒体，借助大数据、互联网、物联网、云计算等网络媒介，搭建互联网实践育人平台，通过网络直播、录制微视频、微电影、"云"参观、"云"旅游等方式，充分调动学生的主动性和积极性，发挥学生的主体作用，提高实践育人的有效性。最后创造良好的实践育人环境，因地制宜地选择实践育人形式，地方院校要充分利用地区特有的爱国主义教育基地，重大事件、重大活动、重大纪念日开展实践育人活动，充分挖掘鲜活素材，在实践中提高社会责任意识、重大认同感。同时院校要创新实践育人形式，依托"三下乡""返家乡"、青年志愿者、参观革命老区、勤工助学、劳动实践、文艺晚会等实践，提升学生综合素质。

（三）建立完善的保障机制

搭建良好的实践育人环境，物质保障是基础，建立稳定完善的保障机制，是地方院校实践育人工作顺利推进的重要保障。

一是经费保障。稳定的资金是进行实践育人的前提，实践育人要建立规范、科学的经费保障制度。一方面保障资金投入规范，建立实践育人专项经费，严格经费审批，做好经费使用、监督和管理。另一方面建立资金信息公开制度，将实践育人资金使用情况向相关人员公示，确保活动经费专用，活动顺利进行。

二是基础保障。实践基地的多样性为实践育人活动提供了更好的组织保障。建立稳定的实践基地，需要考虑是否符合院校实践育人目标，是否和自身专业相结合，能够长期合作等因素，整合多方资源，建立科学的基地管理制度。同时根据实践内容、主题、专业，地方院校自身特点和办学特色等打造多样化的实践基地。利用实践基地对学生进行理论教育，实践锻炼，不仅可以提高学生的能力，同时也能促进基地的发展。

三是队伍保障。实践育人缺乏专业的指导教师，是实践育人工作良好发展的重要原因，加强实践育人队伍建设尤其重要，要加强人才引进，优化实践育人人才队伍，为教师队伍搭建平台，针对性地进行培训，优化实践育人考评机制，提高教师指导实践活动的能力，发挥好教师在实践育人活动中的指导性作用，推动实践育人工作高质量发展。

四是建立完善的评价机制。科学的评价机制是实践育人实现纵深发展的重要基石，地方院校实践育人评价机制要以多主体，多目标为基础，构建包括评价指标、方法、内容等方面的综合评价机制。首先要完善评价方法，坚持反馈评价，做到即时反馈。逐步细化评价指标，分别构建学校组织机构、教师、学生、相关管理人员的评价机制，切实增强实践育人效果。

（四）构建实践育人协同育人平台

新时代实践育人工作，要树立全员、全过程、全方位育人理念，深入挖掘政府、社会、学校、家庭、企业等一切育人资源，推动实践育人建设，形成协同育人格局，汇聚强大的育人力量。习近平总书记在全国教育大会上指出：办好人民满意的教育，家庭、学校、社会、政府都有责任。党的二十大报告强调，健全学校、家庭、社会育人机制。2023 年教育部等十三部门联合印发《关于健全学校家庭社会协同育人机制》要求增强协同育人意识，积极构建学校家庭社会协同育人新格局，明确协同育人责任，增强育人合力，不断增强协同育人科学性、针对性、实效性。

一是要完善地方院校内部协同育人机制。坚持全员育人思想，搭建党委领导，部门联动，全校参与的协同平台，各方紧密配合，上下联动，提高实践育人整体实效。二是搭建家校协同育人平台，共同营造实践育人氛围，贯穿学生成长成才各环节，学校、家庭双向互动，使实践育人工作走出校园，走向家庭，形成较好的育人局面。三是优化高校社会实践育人平台。地方院校要积极与社会建立合作，形成协同育人平台，建立实践基地，加强产教融合发展。加强专业实践指导，拓宽学社衔接渠道，提高实践育人质量。

第四节　文化育人

文化是一个国家、一个民族的灵魂。文化育人是人与文化的双向构建活动，是高等教育的精髓与灵魂，旨在用先进文化教育人、引导人、鼓舞人、塑造人，贯穿学校办学治校、人才培养的全过程全方位。党的二十大提出了"举旗帜、聚民心、育新人、兴文化、展形象"五个方面的目标要求，其"育新人"就是要坚持立德树人、以文化人，建设社会主义精神文明，培育和践行社会主义核心价值观，强化文化育人和文化创新能力。

2017年1月中共中央办公厅、国务院颁发的《关于实施中华优秀传统文化传承发展工程的意见》指出，围绕"立德树人"根本任务，遵循学生认知规律和教育教学规律，按照一体化、分学段、有序推进的原则，把文化育人贯穿国民教育始终。2月《关于加强和改进新形势下高校思想政治工作的意见》中提出"三全育人"的总体要求，明确指出要形成文化育人的长效机制，构建一体化育人体系。12月教育部颁发的《高校思想政治工作质量提升工程实施纲要》强调要深入推进文化育人，注重以文化人以文育人，深入开展中华优秀传统文化、革命文化、社会主义先进文化教育，推动中国特色社会主义文化繁荣兴盛，牢牢掌握高校意识形态工作领导权，践行和弘扬社会主义核心价值观，优化校风、学风，繁荣校园文化。2019年中共中央、国务院印发的《新时代公民道德建设实施纲要》对文化育人的具体内容提出新任务、新要求。2022年中共中央办公厅、国务院办公厅印发的《"十四五"文化发展规划》指出：用文化引领风尚、教育人民、服务社会、推动发展。2023年10月全国思想宣传文化工作首次提出"习近平文化思想"，对地方院校扎根中国大地办大学和落实立德树人根本任务具有重要的指导作用。

一、文化育人基本概念

（一）文化育人的内涵

文化的本质是文以载道，以文化人；教育的本质是传承文化，启智润心。文化育人的核心是以文化人，以文育人，包括两个基本因素：一是文化；二是育人。既是人向文而化的过程，也是文化化人的过程，并在"人化"和"化人"的双向互动、双向构建中实现。① 同时涉及"文化""教育""人"三大领域，也就是用什么的文化育人、用怎样的形式育人、培养什么样的人，是文化育人的基本问题。

"文"是"以文化人"的基础。习近平文化思想明确了文化是国家和民族之魂，为地方院校教育事业发展提供了价值引导力、文化凝聚力、精神推动力。扎根中国大地办教育，办好人民满意的教育，首先要始终坚守好马克思主义这个立党立国、兴党兴国的"魂脉"和中华民族优秀传统文化这个中华民族精神命脉和精神标识的"根脉"。推进中华优秀传统文化、革命文化、社会主义先进文化内在贯通，相互融合，同时与地方院校文化有机结合，用好文化资源满足学校文化育人需求。其次要理解文化育人，重点在于"化"，要想充分发挥"以文化人"中"文"的作用，"以文化人"的"化"是关键。"化"能够在实践中鲜明地表现时代性，展现时代风采、凸显生命力、提升实效性。一是以文化人，通过"文化"这一媒介，对人进行教化、塑造和培养，去启发和感化人。二是向文而化的过程，体现人在参与文化实践活动中，将文化成果内化于心。二者相辅相成，使文化育人知行统一。最后要理解文化育人，要明确培养什么样的"人"，党的十八大以来，全面贯彻党的教育方针，落实立德树人根本任务，培养德智体美劳全面发展的社会主义建设者和接班人。

---

① 黄碧龙. 新时代民办高职院校文化育人体系构建与实施研究：以泉州华光职业学院为例［J］. 大视野，2020（5）：61-65，23.

关于文化育人的概念研究，陈婷荷认为文化育人表现在环境文化育人、精神文化育人、制度文化育人、行为文化育人以及人际关系文化等。① 陈亚男指出文化育人是从历史发展的沉淀中吸取养分，注重文化环境的营造，通过教育主体和文化的充分互动来实现文化育人。② 张付丽指出，高校文化教育涵盖高校建筑风格、高校特色、高校历史、高校校风、校徽、育人标准、教学体系等内容。③ 陈恕平、屈志奋指出，大学文化育人内涵建设是落实立德树人根本任务的内在要求，是大学文化建设与文明创建的基本指南。④ 何芸认为，以文化为载体，利用先进文明成果对受教育者进行施教，将外在的文明成果以润物细无声的方式转化为受教者内在的本质力量，从而实现受教育者思想的造化，这是文化育人的过程。⑤ 马振清、张格指出网络文化育人是新时代打好意识形态阵地战的必有之义，在培养人才、文化创新、文化自信等方面发挥关键作用。⑥

（二）文化育人的特点

一是文化育人内容的传承性。文化育人具有传承性，文化

---

① 陈婷荷．职业院校校园文化育人的价值与路径探讨［J］．学周刊，2024（2）：34-36.

② 陈亚男．新时代高校文化育人的内涵、逻辑与路径［J］．学园，2023，16（31）：4-6.

③ 张付丽．高校校园文化育人的内涵及路径创新研究［J］．文化创新比较研究，2013，7（9）：143-147.

④ 陈恕平，屈志奋．新时代大学文化育人的内涵建设及实践路径研究［J］．岭南师范学院学报，2022，43（6）：96-101，107.

⑤ 何芸．高校文化育人保障机制研究［D］．贵阳：贵州大学，2022.

⑥ 马振清，张格．新时代高校网络文化育人的内蕴解构与策略优化［J］．领导科学论坛，2024（1）：128-132.

育人不仅可以培养学生的道德品质，还可以将历史上积累的传统文化、革命文化、价值观念等传承给学生，不断丰富、发展和继承的过程，也就是文化传承。文化传承是教育的重要组成部分，也是培养优秀人才的重要途径。一个民族的文化传统是一个民族的精神家园，它维系着民族的凝聚力和认同感，是国家和民族认同的重要手段，促进各民族融合和发展。通过文化传承，可以了解传统的诗歌、书法、绘画、民俗、史诗、文化信仰等，进一步提高人的人文和文化素养，保障社会进步和文明的可持续发展。

二是文化育人途径的实践性。实践是指人们能动地有意识地从事改造自然和改造社会的活动，实践活动是文化育人的重要途径。文化育人在实践过程中具有重要的价值意义，文化育人不仅是理论的研究，更是实践应用的探索。文化育人除了体现在文化内涵的凝练、文化品牌的打造等，还体现在文化融入思政教育、专业教育、课程教育、社会实践、志愿服务等人才培养的全过程，并随着实践深入不断丰富发展。[①] 通过实践活动，不仅可以培养人的创新精神和实践能力，还可以增强人的文化认同感和归属感。

三是文化育人过程的创新性。文化的发展犹如一条源远流长的大河，历经岁月的洗礼，始终保持着历久弥新的生命力，中华文化既坚守根魂又不断与时俱进，在继承和创新中不断发

---

① 李卫东，张妍. 高职院校"四融"文化育人体系的构建［J］. 教育与职业，2023（16）：107-112.

展，不断升华。文化育人在遵循规律的基础上，不断创新和发展，打破固有的思维模式，从新的角度、新的方式、新的视角在文化育人的内容、载体、模式和机制等方面不断探索实践，以适应新时代文化育人的要求，使中华优秀传统文化、革命文化和社会主义先进文化得到创造性的转化、创造性的发展。未来，随着科技的进步和社会的发展，文化育人需要不断创新方式和方法，满足人的追求，促进人的全面发展。

四是文化育人观念的开放性。文化育人不仅强调对传统文化和价值观的传承，同时也倡导注入现代观念。一方面，文化育人的开放性体现在跨时空传承和交流，强调开放、包容、多元文化交流，引导人深入了解和尊重传统与现代文化差异、中西方文化差异、促进学生全面发展。另一方面，文化育人的开放性还体现在鼓励多元文化背景下的融合和创新，引导人尊重不同文化背景下的价值观和思维方式，培养学生的跨文化沟通能力，同时鼓励他们在多元文化环境中发现问题、解决问题，从而培养其创新能力和批判性思维，对培养具有国际视野的人才具有重要意义，对构建和谐社会、推动人类命运共同体建设具有积极贡献。

二、文化育人的价值意义

（一）文化育人是地方院校落实立德树人根本任务的具体体现

习近平总书记在全国高校思想政治工作会议上指出"高校

思想政治工作关系高校培养什么样的人、如何培养人以及为谁培养人这个根本问题"①。建设风清气正、美丽健康的校园是地方院校文化育人的出发点和落脚点，也是落实"三全育人"的重要着力点。育人的根本在于立德，立德的首要问题是立什么样的德，"具体来说就是培养学生必备的正确价值观，理想信念和品格""树人的首要问题是树什么样的人，即培养德智体美劳全面发展的社会主义建设者和接班人"②。习近平总书记在全国宣传思想工作会议中强调："育新人，就是要坚持立德树人，以文化人，建设社会主义精神文明、培育和践行社会主义核心价值观，提高人民思想觉悟、道德水准、文明素养，培养能够担当民族复兴大任的时代新人。"③ 地方院校作为文化传承的重要载体，其文化育人工作成效直接影响大学生的思想观念、价值取向、行为方式、精神风貌，因此文化育人是地方院校落实立德树人根本任务的重要途径。在文化建设中，地方院校要注重学生德育发展，不断创新，让学生感受美好健康的校园生活，引领学生将优秀文化内化于心，外化于行，成长为有理想、有本领、有担当的时代新人，从而贯彻落实立德树人的根本任务。

---

① 习近平在全国高校思想政治工作会议上强调：把思想政治工作贯穿教育教学全过程 开创我国高等教育事业发展新局面 [EB/OL]. 中华人民共和国教育部网站，2016-12-08.
② 刘冲，任爽. 学校文化育人的价值定位与优化路径 [J]. 教育实践与研究（C），2023（10）：55-58.
③ 习近平出席全国宣传思想工作会议并发表重要讲话 [EB/OL]. 中华人民共和国中央人民政府网站，2018-08-22.

（二）文化育人是地方院校践行社会主义核心价值观的必然要求

社会主义核心价值观是文化体系的核心内容，从国家、社会、个人层面进行高度概括和总结，为学生价值观教育提供导向作用。2023 年 10 月习近平总书记在全国思想宣传文化工作会议中提出"七个着力"，其中强调要着力培育和践行社会主义核心价值观。社会主义核心价值观凝结和传承了中华优秀传统文化的精神内核，是党领导人民长期奋斗伟大实践精神的体现，是社会主义先进文化的精髓，凝结着全体人民共同的价值追求。地方院校文化育人承载着弘扬社会主义核心价值观的重要任务，体现以生为本的根本立场，注重文化融合、创新发展，不断深化文化价值引领，将社会主义核心价值观教育贯穿教育教学全过程，推进社会主义核心价值观入脑入心，激发学生的爱国主义情怀，帮助学生坚定理想信念，增强学生的民族自信和文化自信，引导学生坚持正确的政治立场和方向。

（三）文化育人是文化强国建设的关键环节

2023 年 6 月习近平总书记在北京出席文化传承发展座谈会时强调，在新的起点上继续推动文化繁荣，建设文化强国，建设中华民族现代文明，是我们新时代新的文化使命。文化育人对于提升国家软实力、增强民族凝聚力和创造力具有重要意义。文化育人的首要任务是培养人的文化自信，文化自信是一个民族、一个国家对自身文化价值的认同，是推动文化强国建设的重要动力。大学生是民族复兴时代的见证者和参与者，是实现中国梦的生力军、主力军。地方院校文化育人要以中华优秀传统文化为根基，以中国革命文化为重点，以社会主义先进文化为关键，通过文化教育引导，让学生了解认同本民族文化传统、价值历史，传承文化基因、红色基因、革命基因，增强文化认同感和自豪感，进一步树立文化自信。其次文化强国建设需要具有高素质的文化人才，因此地方院校文化育人注重提高人才的文化素养，培养具有国际意识和创新意识的文化人才。文化育人在文化强国建设中承担着传承优秀传统文化的重任，地方院校通过挖掘整理传统文化资源，增强文化的吸引力和影响力，更好地发挥文化育人在文化强国建设中的作用。

三、地方院校文化育人建设存在的问题

地方院校文化育人建设不仅是学校发展的基石，也是培养高素质人才的关键，新时期在党和国家的领导下，地方院校文化育人工作有了较好的发展，同时也存在诸多问题。

（一）文化育人认识不全面

部分院校对文化育人对于学生道德素质、综合素质的积极作用认识不足，部分学校的管理者注重学术科研、课堂教学、就业率，忽略了文化育人在人才培养中的重要作用，导致了学校文化建设缺乏整体规划和系统推进，文化育人建设处于边缘的位置，无法满足学生对文化认知的需求，使文化育人的效果大打折扣。部分院校随着招生规模不断扩大，师生群体人数不断上升，院校的基础设施无法满足人员需求，院校文化育人活

动资金紧张,无法为文化建设提供充足的经费,导致一些文化活动无法正常开展,一些优秀的文化资源无法得到充分的利用和开发。

（二）文化建设特色不足

随着我国高等教育不断向大众化教育转变,部分地方院校在文化育人建设时彼此借鉴,大同小异,缺乏对自身发展历史渊源、发展趋势、办学特色、办学理念、实践活动等的深入挖掘,导致自身办学特色不突出,没有形成特色的校园文化氛围,缺乏利用营造浓厚的文化氛围去感染学生。一是在文化育人中存在内容、形式统一、老套,缺乏思想性、艺术性、创造性,忽略了学生的差异性,学生的认可度较低。部分院校文化育人通常以地区的历史、文化、民俗等为基础,开展一些文化活动,但是活动缺乏创新和多样性,对学生的吸引力不够强,学生参与的主动性和积极性不够高。二是和其他院校、社会机构、文化机构合作交流较少,文化氛围相对封闭和单一,这不仅影响学生对多元文化的了解和认识,同时也使学校文化育人效果大打折扣。三是部分地方院校对我国优秀传统文化宣传较少,学生受西方文化思潮、享乐主义等负面思想的冲击,受校园周边网吧、游戏厅等不良环境的影响。大学生的思想道德、价值观出现了滑坡,使得文化育人建设更加复杂和困难。

（三）文化育人队伍结构不健全

院校教师是文化育人建设主体之一,他们的道德素养、行为作风影响着学生,也对学校文化育人建设起着重要的作用。

目前部分院校缺乏专业的文化育人组织机构，认为文化育人是学校宣传部、团委和部分干事负责，和其他人员无关，教师的参与度不高，没有形成文化育人合力，缺乏文化育人师资力量，教师的教书育人在文化教育中没有发挥作用，导致文化育人达不到预期效果。其次学校也缺乏对文化教育工作者的培训和支持，使他们难以发挥更大的育人作用。此外，部分院校对兼职从事文化教育工作者的激励机制，影响他们工作的积极性和投入度。部分院校加强了文化育人建设，但相关理论研究较少，专门从事高校文化育人建设研究和总结的人较少，缺乏系统性的梳理和总结，影响高校文化育人功能的发挥。

（四）文化育人长效机制不完善

为实现文化育人长期性、常态化、规范化，我们应建立健全各项规章制度，确保文化育人逐渐成为全校师生的自觉行动，形成长效机制。一是部分地方院校在文化育人建设中存在暂时性、阶段性，缺乏系统性和持续性，建设体制和机制不完善，政策制定不统一，缺乏合理的规划，相关规章制度不完善。[①] 二是部分高校在文化育人建设中存在育人目标不明确、教育功能弱化问题。院校文化育人内容过于宽泛，针对性不够强，将文化育人建设停留在视觉层面，注重校园名人雕塑、名言警句等建设，对整体校园精神文化的构建、提炼和弘扬指导不明确。三是在校园文化育人过程中，师生参与的积极性不

---

① 许晶. 高校校园文化建设存在的问题及对策研究 [D]. 牡丹江：牡丹江师范学院，2016.

高，部分参与的目的不纯，文化育人的评价标准相对单一，缺乏全面性和科学性，难以反映文化育人的效果和成果。

四、地方院校文化育人建设的方法路径

文化育人是我国社会主义强国建设的重要组成部分，地方院校应立足"文化强国"的远大战略，高扬社会主义文化理想，积极维护国家文化安全，坚持用马克思主义的立场、观点和方法引导大学生正确认识社会发展规律，用民族复兴的"中国梦"激励大学生奋力拼搏，充分发挥地方院校文化育人的优势，积极参与社会建设，增强社会责任感，培养时代新人，为社会持续发展不断注入强劲动力。

（一）加强理论创新引领，提高文化育人意识

地方院校要实现"文化育人"的目标，必须坚持马克思主义的指导地位，坚持社会主义办学方向，坚持中国特色社会主义教学自信，以社会主义核心价值观为引领，落实立德树人根本任务，培养德智体美劳全面发展的社会主义建设者和接班人。

一是要坚持将马克思主义理论指导思想贯穿院校学生教育教学全过程。引导学生树立正确的世界观、人生观、价值观。以马克思主义的观点和方法看待校园文化育人规律和现象，突出思想政治引领，强化理想信念教育，弘扬主旋律，引领新思潮，凝聚正能量，培育积极先进文化，凝练院校的文化特色和文化传统，提炼新方法和新思路。

　　二是要坚持以社会主义核心价值观引领文化育人建设。社会主义文化发展倡导百花齐放、百家争鸣，但并不意味着各行其是。2023 年中共中央办公厅印发的《关于培育和践行社会主义核心价值观的意见》中，明确指出要把培育和践行社会主义核心价值观融入国民教育全过程，落实到教育教学和管理服务各环节，与中华优秀传统文化和人类文明优秀成果相承接。地方院校作为培养社会主义建设者和接班人的主阵地，文化育人要立足高度的文化自觉和文化自信，注重弘扬主旋律，以社会主义核心价值观为引领，坚持文化为促进人全面发展服务的思想，着眼于提高民族素质和塑造高尚人格，深入挖掘优良文化，把握时代主流文化，用先进文化占领大学生文化教育的制高点。一方面以爱国主义教育为切入点，积极开展主题教育、专题教育等，引导学生增强民族自信，了解国家历史，厚植爱国主义情怀。将爱国主义教育贯穿育人活动中，以学生喜欢的形式开展活动，潜移默化地内化于心，从而增强大学生的社会责任感和爱国主义情怀。另一方面，高校要深入开展传统文化教育、革命传统教育、社会主义先进文化教育，提高学生的认识和学习能力，培养学生的民族精神。

　　三是要坚持以理论创新指导实践。理论创新是文化育人的重要支撑。首先地方院校要深入挖掘和研究传统文化，为文化育人提供理论支撑。其次要借鉴国内外先进的教育理念，例如，终身教育、素质教育等，结合院校发展实际情况，探索适合院校文化育人建设的新模式。最后要注重实践探索，加强理论和实践相联系，通过实践检验理论的正确性，同时通过实践不断完善和丰富理论。

四是要坚持将文化教育融入教学、科研、管理、服务等多个环节。例如，将文化教育融入管理环节，通过组织文化活动、开展文化宣传、推广文化知识等，提高管理人员的文化素养和管理水平。将文化育人融入教学，或结合课程内容穿插文化相关背景、人物等，或指导学生参加文化活动、进行文化交流等，在提高学生的综合素质和人文素养的同时，进一步推动文化教育事业。将文化育人融入科研，鼓励科研工作者研究历史文化、民俗文化、非物质文化遗产等，加强科研人员的文化底蕴和人文关怀，提高科研成果的质量和影响力。将文化育人融入服务，通过文化讲座、展览、演出等，可以满足学生的文化需求，提高审美水平。将文化育人和其他九大育人相结合，进一步提升院校的凝聚力和创新力，为社会的发展做出贡献。

（二）构建特色校园文化，提升文化育人氛围

特色校园文化是展现高校办学特色的重要形式，也是保持高校文化育人建设强大生命力的重要法宝。地方院校应结合自身地域特色、学校历史、学科优势，构建具有特色的校园文化，提升校园文化品牌。

一是要明确院校文化定位，首先要明确院校文化突出什么样的特色，通过校史展览、校庆活动、校友讲座、深入调研等方式，深入了解院校的传统、历史、地理环境、师生特点和需求、现状和未来发展方向。总结提炼出院校的核心价值观，如

创新精神、学术诚信等作为院系文化的基石。结合院校的特点和优势，确定院校文化的特色，例如部分学校是以科技教育活动为特色，部分学校是以艺术教育为特色，部分学校是以实践创新为特色。通过多种渠道进行推广和持续优化，增强学生对学校的认同感和归属感，使文化育人特色更符合院校发展的需求。

二是提升院校文化品牌建设。创新校园文化育人理念，结合院校的实际办学情况，取其精华、去其糟粕，借鉴和继承优秀的教育理念，培育大学精神，为院校发展注入新的活力和生机。充分发挥院校社团教育载体作用，深入挖掘地域文化、院校文化资源，将其融入院校文化育人活动。创新活动方式，如举办具有挑战性的学术竞赛、社会实践活动、文艺演出等提高学生参加的兴趣，培养学生的社会责任感。利用网络载体对大学生进行潜移默化的教育，充分发挥网络的积极正面影响，依托院校广播、网站等媒体广泛宣传文化品牌，提高知名度和影响力，实现良好文化育人实效。

三是营造良好校园文化环境。一方面随着西方各种文化思想大量涌入，地方院系文化育人的冲击和影响是不可避免的，如何正确对待西方文化是院校文化育人面临的机遇和挑战。对待西方文化，地方院校要开展对外交流，同时要加强社会主义、爱国主义教育，结合自身文化特色，借鉴和吸收有益于我们发展的优秀成果，用有利于师生身心健康的文化内容形式进行融合改造，产生属于自己的特色文化，进一步丰富和发展本民族文化。另一方面加强与政府、机关、工商、文化等部门的密切合作，共同整治校园周边文化环境，营造有利于学生健康成长的环境。同时院校内部进一步优化校园布局，建设文化长廊，营造优美的校园景观，创设浓厚的校园文化氛围。

（三）健全师资队伍建设，发挥文化育人作用

教师是地方院校实施文化育人的关键，更是文化育人的设计者和推动者，要充分发挥教师在文化育人中的主导作用。

一是形成高校文化育人工作者的教育合力。从学校管理层面，要完善高校文化育人的组织机构，健全组织，保障队伍。更新教育理念，培养具有文化素养的管理者队伍，同时要调动教师参与文化育人的积极性、学生骨干参与文化育人的热情，加强培训指导，树立典型，发挥好领头羊的作用。

二是加强教师培训与进修。建立完善的教师培训体系，定期组织文化素养、教学技能培训、学术研讨、专业进修等，提高教师的文化素养和教学能力。同时鼓励教师参与行业文化实践交流活动等，增强教师的专业能力和洞察力。

三是完善教师的招聘和选拔机制。制定科学合理的招聘计划、招聘标准，拓宽招聘渠道，吸引具有较高文化素质和教育教学经验的高水平人才，充实教师队伍，提高整体师资水平。重视教师师德师风建设，强化教师职业道德和人格品质教育，引领教师树立正确的教育观念，关心爱护学生，引导学生全面发展，树立良好的教育形象。

四是建立激励机制。地方院校应该建立激励机制，鼓励教

师积极参与校园文化建设，建立教师职业发展机制，提供多元化的职业发展机会和平台，激励教师育人的热情和创造力。建立师资队伍评估机制，定期对师资队伍进行评估，发现问题，及时整改，持续优化师资队伍结构，

（四）完善长效机制建设，保障文化育人实效

地方院校文化育人建设的长效性需要遵循大学生教育规律的科学评价体系，建立专门的领导小组，负责文化育人机制建设的统筹规划和组织实施。从机制建设的原则看，长效机制的建设应涵盖教育、管理、服务、评价等多个方面，确保文化育人工作的全面覆盖。同时要针对不同阶段、不同类型的教育对象，制定相应的文化育人机制，确保因材施教。从机制建设的要素看，要建立健全文化育人相关政策法规，明确各方的职责和权益，为文化育人提供制度保障。制定完善的管理制度，从人员的管理、经费管理、考核评价等方面，确保文化育人机制运行的规范化和科学化。根据教育对象的特点和需求，制定具体的实施方案。建立监督评估机制，对文化育人工作进行定期评估和反馈，确保机制的有效性和持续性。

第五节 网络育人

中国互联网网络信息中心（CNNIC）发布的第 52 次《中国互联网络发展状况统计报告》显示，截至 2023 年 6 月，我

国网民规模达 10.79 亿人，互联网普及率达 76.4%。① 互联网已然成为人们生活中不可或缺的工具。习近平总书记指出，"互联网已经融入社会生活方方面面，深刻改变了人们的生产和生活方式。我国正处在这个大潮之中，受到的影响越来越深②"。这种影响不仅改变了人们的生产方式和生活方式，也对我国传统教育的环境和模式带来持续而深刻的影响。

从国家战略层面看，20 世纪末至 21 世纪初，我国陆续颁布了网络管理的相关政策。1997 年，公安部发布《计算机信息网络国际联网安全保护管理办法》。2000 年，《互联网信息服务管理办法》《互联网电子公告服务管理规定》《全国人民代表大会常务委员会关于维护互联网安全的决定》等发布。2004 年，《关于进一步加强和改进大学生思想政治教育的意见》中明确提出主动占领网络思政新阵地的任务。其后，《关于进一步加强和改进新形势下高校宣传思想工作的意见》《关于加强和改进新形势下高校思想政治工作的意见》等纷纷出台，党和国家对网络育人的指示工作更加深入，2017 年，"网络育人"纳入十大育人体系中。对于"网络育人"，从侧重网络的硬件管理与维护，到现在的关注网络阵地、网络平台等建设，体现了党和国家对不断加强和完善网络育人的战略需求。研究如何发挥网络在育人方面的积极作用，在理论上、实践中

---

① 中国互联网络信息中心（CNNIC）. 中国互联网络发展状况统计报告［EB/OL］. 中国互联网络信息中心网站，2023-08-28.
② 迈出建设网络强国的坚实步伐［EB/OL］. 人民网，2019-10-19.

不断优化网络育人体系，主动实现网络育人作为网络发展的新产物、教育发展的新形态、思政工作的新渠道等方面的新时代转型，具备重要的理论意义与实践意义。

一、网络育人的概念

研究"网络育人"的科学内涵，需要厘清"网络"与"育人"的关系。从字义层面，网络一词最早见于 1993 年版的《现代汉语词典》，主要是从电学领域将网络定义为传输电信号的电路及其组成部分。此外，有学者从构成的角度出发，认为网络是由计算机硬件、软件、数据等连接起来的集合体①。网络作为一种技术手段，与作为培养人的实践活动的育人，存在着相关性。马克思提出过，"技术不仅是现代性及资本主义的基础，更是人的本质性的实践活动"。② 教育在与技术的融合过程中，拓宽了信息获取的广度与深度。

对于网络育人的内涵定义，学界学者有不同角度的阐释。宏观上看，部分学者从技术角度、工具角度与环境角度等方面，提出网络育人是一项系统性工程，是通过网络技术或者平台开展的育人活动。微观上看，学者在对网络育人进行界定时，会落脚到网络思政、网络文化育人、网络心理育人等具体事项，认为是通过网络促使思想政治教育、文化教育等运行的

---

① 陈明，张永斌. 网络概论 ［M］. 北京：北京理工大学出版社，2014：3.
② 邹诗鹏. 马克思实践哲学的现代性质 ［J］. 马克思主义与现实，2007（1）：64-70.

实践活动。此外,在对网络育人要素所进行的研究中,普遍认可的是张耀灿教授提出的"四要素说",即主体、客体、介体以及环体。① 也有学者从综合角度提出,网络育人是一项系统工程,但是离不开高校的根本任务,还需要各类教育资源的支持,才能弥补传统教育短板,最终实现"三全育人";网络育人的中介是高校教师,旨在把学生培养成才,不能离开高校的根本任务。② 基于此,我们认为网络育人作为网络环境下育人的一种新形态,并不是网络与育人的简单衔接,而是一种全新的育人方式与育人形态,并不是网络和教育的简单叠加,而是发生了新的质变从而达到了一体化的效果。

本文中网络育人是指教育工作者以网络为平台,在把握受教育者的发展特点、规律,以及网络信息传播特点的基础上,大力发挥网络的积极作用,从而有目的、有计划地对受教育者施加影响的实践活动过程。

二、网络育人的价值意义

网络是信息传递、交流的重要平台,也是各种社会思潮、意识形态、价值观念交锋的主战场。网络文化的多样性、开放性和互动性为育人工作带来了新的机遇和挑战。

---

① 张耀灿. 现代思想政治教育学 [M]. 北京:人民出版社,2006.
② 邹诗鹏. 马克思实践哲学的现代性质 [J]. 马克思主义与现实,2007(01):64-70.

（一）新时代高校网络育人面临的挑战

相对宽松的时代氛围下成长起来的青年，互联网的加速全球化使他们能够接触到更多新鲜事物，有着更广阔的视野以及更加活跃的思维。青年心智尚未完全成熟，三观的形成还处于雕琢期，他们需要在正确引导下"扣好人生第一粒扣子"。一是网络监管无法做到 24 小时疏而不漏，总有悖于我国主流意识形态的思想观念混杂在互联网信息洪流中。西方势力利用互联网传播虚假信息、散布反动言论，甚至雇佣网络写手，对我国热点问题和敏感事件进行刻意炒作，欺骗网民、误导舆论，图谋不可告人的政治目的。二是网络不文明现象对网络系统和社会秩序造成了严重影响，如网络诈骗等犯罪行为日益增长。三是网络带来的心理问题也日益突出，人们对网络的依赖越盛，如人际交往的虚拟化导致现实世界中人际关系的疏远、冷漠和不信任，导致人与人之间道德情感的冷漠。四是弱化青年学子的独立思考能力、深度钻研能力。互联网信息的合理利用能够节省思考时间，提升自身收集整理信息的能力、拓宽信息来源渠道，但是过度使用互联网容易使人产生思维惰性，网上搜索答案的习惯已经深深镌刻在了日常生活之中。五是新时代物质资源丰富，社会环境安定，使青年人缺乏挫折的磨砺，难有艰苦奋斗的拼搏经历，对于理想信念缺乏深刻体会和理解。六是形式多样的新技术新平台新载体层出不穷，虽然表面花团锦簇，教育实效却难落地。

（二）新时代高校网络育人面临的机遇

意识形态安全是国家安全的重要组成部分，如何让主流声音占领主战场，占领育人的战略高地，已然成为互联网时代的重大课题。换言之，谁掌握了有效信息和信息的有效传播，谁就能占领育人高地，这是意识形态工作遇到的前所未有的挑战，也是占领网络舆论阵地的机遇。首先，坚决打赢这场没有硝烟的战争，最关键的是要掌握网络意识形态斗争的主动权，通过网络培育和塑造青年可以形成正确的世界观、人生观和价值观，这与网络育人的目标不谋而合。其次，网络已成为重要的信息平台、育人空间，是全员、全过程、全方位育人的重要组成部分。网络信息的丰富性、空间的开放性、过程的交互性都为立德树人的推进和开展创造了条件；网络的及时性、交互性、多样性为立德树人工作的开展增加了趣味性；网络的开放性和平等性有利于壮大网络育人队伍，为育人工作的深入开展打下了坚实的基础。网络育人有助于弥补传统思想政治教育的不足，利用移动互联网信息技术的社交性、内容趣味性和平等性等优势，更好地满足大学生对于精神文化的需求。采用网络育人能够推动当前思想政治教育工作的创新发展。再者，网络育人的思想政治教育模式能够增强学生与教师之间的互动，在具体实施过程中，能够充分发挥学生的主观能动性，进一步凸显了思想政治教育主客体间的平等性。与此同时，自媒体的广泛应用，也为思想政治教育提供了更多元的途径。

三、地方院校网络育人现状及存在的问题

纵观网络育人在我国近三十年的发展，其在长期的实践中取得了丰富成果。同时，仍存在理论发展不够系统、相对滞后，不能更好地满足实践需求等现象。

（一）网络育人工作受重视程度不高

尽管高校网络育人工作已受到重视和关注，且取得了一定成效，但形势依然严峻。相较于传统育人工作，网络育人工作的受重视力度还有待持续提升。网络信息传播的快捷性和交互性使得当前网络意识形态的斗争十分激烈，网络思想政治教育对青年学生的社会价值观和思想道德意识培养具有重要影响。一些高校前期着重于设备投入、网站建设，开通官方微博、官方微信，提高校园网站质量，加大校园网络覆盖范围，加强校园网络技术监管等，为大学生思想政治教育中网络育人功能的发挥提供了必要的硬件支持，但后期相关建设者和育人工作者的思维转变存在滞后，未及时加大物质要素与精神要素的投入，而仅停留在口头上、反映在文件中。还有一部分高校育人工作者对网络育人的认识有偏差，未正确认识高校网络育人的价值，对工作保持佛系、听之任之的态度，在提升个人育人能力、开展育人工作的主动性上存在重视不够的现象。

（二）网络育人管理不力

一是部分高校对网络育人的顶层设计有待进一步优化，未形成育人合力，不能充分发动校园各方力量共同增强网络育人

效力，网络育人工作面临着人员配备不足与网站建设经费紧缺等问题。二是高校网络育人还缺少相应的制度保障，比如内容审查、过程监督、舆情管理等制度不完备。三是高校校园网络的使用管理职能存在不同程度的重叠现象，如同时在学校党委宣传部、网络信息中心等部门设有网络教育的管理职能，工作职能未作科学合理的区分，管理职能重复成为部分高校的共性问题，管理效率相对不高，令网络教育的工作开展时有阻滞。四是教育指导体系有待持续完备，对于规范学生的上网行为、引导正确上网、校园网络的监督使用等教育力度不够。

（三）网络育人队伍不专业

部分高校未设立专门的网络育人团队，常由宣传部、学工部等职能部门教职员工、辅导员等兼职。工作内容主要是对校园网、微信、QQ 微博、抖音、贴吧等公众平台进行网络舆论监测与引导。工作者不仅是对各类网络资源进行挑选、整合的主体，也是对各类前沿热点话题及各类网络舆情进行深入分析和引导的主体，同时还是帮助大学生正确看待各类网络现象的主体。教师和管理工作者在网络运用水平上存在较大差异，部分原因是年龄、专业等因素的限制。一些一线工作者难以跟上网络功能的更新迭代，在用网治网过程中客观存在着思想观念相对滞后，或实操能力不足等问题，难以满足青年学子的网络需求。

（四）网络育人平台功能发挥不充分

大学生是网络中最具活力和创造力的群体之一，他们对网络具有事件参与度、文化敏感度，且网络有"去中心化"和"去权威化"特征，传统的思想政治教育模式也面临着创新需求。目前，很多高校设立的平台仅能满足高校教学管理的需要，难以与大学生之间形成良好的互动。一是思想不够解放，缺乏创新意识。对大学生网民的心理把握和理解不足，仍然固守传统育人方法来建设平台。机械地照搬传统教育模式，将书本中的理论知识移植到网络载体中，换汤不换药的方式令育人效果不够理想，高校网络育人的内容不新颖，大学生在网络育人过程中易陷入缺乏共鸣和毫无亮点的困境。二是知识不够全面，缺乏创新能力。网络育人本身就是一个极其复杂的过程，在网络育人平台的设计、建设和运营维护的过程中也面临着各种复杂的问题和局面，但目前高校平台建设人员所具备的知识不够全面，导致平台创新的能力有限。三是许多高校忽视了网络平台依托的服务器更新，很多服务器长期不更新，网络平台功能十分单一、卡顿明显，且在早期设计时缺乏对影响持续性的考虑，导致平台的使用效率较低，网络育人的效果也会大打折扣。四是高校的网络账号建设存在泛滥现象，除学校官微、官博等网络账号外，各部门各学院、校级学生组织、院级学生组织等多建有网络宣传账号，多而杂的信息输出在一定程度上降低了学生的使用兴趣。同时，内容的重复性、相似性高，在特色与优势凝练上缺少思考，对学校及学科特色优势刻画不充分，照抄照搬、缺少创新使得网络育人平台的活跃度较低。

四、网络育人的优化路径探索

(一) 坚持正确的政治方向和价值导向

思想是行动的先导。始终坚持马克思主义在网络育人领域的指导地位，用马克思主义理论、社会主义核心价值观引领网络空间。确保网络思政教育内化始终围绕着马克思主义的系统化、加强理想信念教育、培育和践行社会主义核心价值观的中心任务。网络新媒体、微媒体等拓展了意识形态传播的新空间，扩大了信息传播的范围，声像并茂，直观性、感染力与说服力强，这些新媒体平台具有报纸、广播、电视等其他媒体无法赶超的优势，为宣传马克思主义理论，党的路线、方针、政策提供了开放自由的渠道。只有增强思想政治教育的影响力，提升网络育人的实效，才能占领网络舆论阵地。

坚持网络舆论正确价值导向。计算机技术的不断进步，为互联网的开放程度、涉及领域的宽广程度、受众群体数量提供了最强有力的支撑，特别是在5G网络环境的基础上，单位时间内信息传递的数量更大。社会思潮、网络谣言、网民利益诉求、经济利益诱惑等多种因素，冲击和影响着网络舆论正确的价值导向。要强化官方媒体、主流媒体的权威和话语权，确保网络舆论服务人民、滋养人心、净化环境的价值导向。高校媒体应及时回应网络舆论热点问题，建立完善舆论收集、筛选、评论、发布机制，抢占舆论制高点。同时，要发挥自身专业、严谨、资源丰富的优势，深入挖掘素材、全面分析问题，做出令人信服的网络舆论评论，逐步提升可信度和黏合度，不断提高自身权威性。

（二）坚守意识形态主阵地

网络意识形态种类复杂多变，形势变幻莫测，网络带来了经济全球化，同时也带来了思想全球化，多元化的思潮在网络文化空间中潜藏着角力，为了确保网络发展道路的正确性，必须牢固掌握网络空间中主流意识形态的领导权。强化网络意识形态的价值认同是实现网络意识形态的价值引领和价值认同的关键，这需要推动"四个自信"，将社会主义现代化建设取得的伟大成就以及背后的一整套理论逻辑和制度因素进行充分宣传和解释，塑造共同的文化心理，提升主流意识形态的价值魅力，并形成广泛认同。强化网络思想引领和价值导向，在百花齐放、百家争鸣的同时，由社会主义意识形态占据主导地位，确保网络文化空间风清气正，增强青年网民对中国特色社会主义的政治认同、价值认同以及情感认同。一是理论与媒体深度融合，为了让大学生更好地理解和接受主流意识形态，需要将宏大叙事和权威话语转换成他们喜闻乐见的生动话语。这样做可以主动推进主流意识形态的传播，提高大学生的兴趣和参与度。二是提高聚合力，扩大网络育人覆盖面，整合网络思想宣传阵地，降低多而杂没有聚焦或重复的内容，减弱意识形态引领力，根据学生的关注动向，不断拓展主流意识形态的发声渠道，巩固意识形态阵地建设。三是注重学生主体地位，在网络意识形态工作中，需要转变工作理念和思路，增强网络意识和主体意识。通过将网络意识形态工作浸入大学生的日常生活和社会实践中，可以更有效地引导他们理性思考，避免使用命令式自上而下强硬灌输。相反，应该以更加贴近大学生生活和思想的方式，通过互动、交流和引导，帮助他们形成正确的思想观念和价值观。

高校要保持清醒的头脑并运用好互联网这个"最大变量"，每一个教育工作者要在网络空间中大力培育和践行社会主义核心价值观，将饱含正义和理性的声音传播出去，并不断增强社会主义核心价值观的影响力和感染力。为了让网络育人成为我们事业发展的最大增量，教育工作者需要站在时代的高度，通盘谋划，并积极响应网络时代的新情况、新要求和新变化，挖掘网络的教育价值，形成育人的合力。

（三）优化网络育人的制度体系

网络育人是一个复杂的系统工程，不仅要从整体把握它的理论内涵，还要对实践过程中的体系布局进行优化。校园网络的管理制度是网络育人环节的顶层设计，通过管理制度的创新，带动网络育人工程建设的开展。当前网络育人的不完善，其主要原因在于没有建立完善的校园网络管理制度。要统筹谋划网络建设、网络管理、网络传播、网络引导、网络评论、网络研究等方面工作，强化网络意识，提高建网用网管网能力。

建立完善的网络规范规章制度。网络育人的重要基础是网络信息的有序和规范传播，因此需要全面的网络管理体制。为了协调和利用各类资源，高校应该设立网站和自媒体平台的备案制度、重要网络信息的审核和发布制度、信息引导和舆论监督制度以及网络应急事件处理制度。落实学术讲座、论坛、课堂、演出、实践等校园文化活动审批管理制度，教育引导广大师生坚持政治原则，正确处理好学术研究的自由性与课堂讲授的纪律性之间的关系，"旗帜鲜明反对和抵制各种错误观点"。建立由学校党委领导、宣传部门牵头抓总、各单位各司其职、协同配合的良性工作机制，为加强网络媒体和传统媒体之间的有机整合，实行清单机制，制定详细的工作计划清单、工作考核清单以及纪检审查清单，更好地督促相关工作人员承担起工作的责任，并将其切实落实到行动中。此外，还需要加强对工作人员的监督和审查，确保工作得到有效开展。

优化反馈、预警、引导、协调等机制。当前网络舆论环境因信息传播技术的更新换代而更加复杂，依托网络信息的及时汇聚、处理和反馈，以此指导有关部门对网络舆论实施计划性、精准性的引导干预，运用正面宣传报道冲淡网络舆情中不良甚至错误倾向性的信息，巩固主流意识形态的领导权、话语权。当前网络育人实效不佳甚至还彼此间有所损耗，教育碎片化使得教育者缺乏沟通、资源分散、信息隔阂、联系不强、整合不足的问题。所以高校要探索机制体制创新，以网络工作部为抓手，加大政策、经费和人员的投入力度，加强系统共建与资源互享，在育人途径及相关环节都需要围绕着立德树人的中心任务，构建起同向同行的育人格局。

加强高校网络育人工作队伍建设。要加强网络育人队伍的培训工作，提升教师的网络驾驭能力，高校网络育人工作要求思想政治教育工作者具有较强的思想政治理论水平，还要具备完善的网络多媒体和信息技术操作能力、敏锐的思想观察意识和行动能力，贯彻新媒体理念传播理论与开展良好高校思想政治教育工作的理念。高校应该构建起"网络导师—学工队伍—学生家长—学生骨干"四位一体的网络育人的人才队伍，在网络内容引导、信息监管、内容更新等方面整合高校网络育人资源，发挥合力育人优势。同时，要实现安稳有序、又好又快的发展，就必须重视网络育人队伍的稳定，队伍不稳定，不利于高校网络育人工作的开展，更不利于学校的长远发展。通过树立正确的用人导向、激励引导人员职业发展、调动教师积极性、鼓励教师在网络育人工作中贡献力量，发挥引领作用，将工作与育人紧密结合，全面提高网络育人的水平与效果。制定"网络教育名师培育支持计划""校园好网民培养选树计划"实施方案，动员引导广大教师，特别是学术大师、教学名师、优秀导师、辅导员、班主任重视网络文明、参与网络育人，建设一支政治强、业务精、作风硬的网络工作队伍。加强领导干部、师生员工的网络素养培训，增强各级领导干部同媒体打交道的能力。

（四）构建校园新媒体矩阵

培育优秀网络育人平台、网络文化工作室和研究团队，不断发挥新媒体联盟的作用，做大做强全媒体育人阵地。充分重视全国高校校园网站联盟作用，积极参与高校思想政治工作网、易班网和中国大学生在线全国共建，打造校园名站名栏，培育全国百佳网站或名站名栏。夯实新媒体矩阵，不断加强线上平台建设和内容生产，充分发挥互动育人、自媒体育人、网络育人的独特功效。提升平台运营能力，优化校园主干网络和应用系统，加强数据中心基础设施建设，完善网络安全技术设施，着力开发学生管理系统、大数据分析系统，为思政管理工作提供信息化平台支撑。将平台设计成集信息发布、资源共享、知识查询、交流互动、教育教学等多功能为一体的一站式平台。通过搭建专业学习网站、主题教育网站平台、师生互动平台、新媒体网络传播新平台等举措，利用技术手段为学生提供多样化服务，增强校园网络平台的吸引力和公信力。

要密切关注网络信息技术的发展趋势，新兴媒体正伴随着网络技术迅猛发展的浪潮，积极主动地融入大学生使用频繁、关注度高的各类网站和新媒体平台。如近两年兴起的抖音、快手等短视频软件，部分高校非常敏锐地抓住了学生的关注动向，第一时间开通了官方账号，在遵循新媒体传播规律和掌握大学生思想行为特点规律的基础上，打造适合本校学生的育人空间，抢占育人新媒体阵地。但同时，依然要坚守好传统的校园网络平台，并与新媒体平台深度联合互补，共同搭建起促进网络育人功能发挥的重要阵地。

丰富网络内容，增强网络平台的吸引力。高校在进行网络平台建设时应该坚持"以内容取胜"的原则，根据不同学生的身心特点和现实需求，有针对性地打造量身定制的且层次丰富多样的特色育人内容，养成文明网络生活方式。加强网络文化作品的选题策划、创意设计、网上宣传，组织创作微电影、动漫、摄影、网文、公益广告、音频、短视频、校园歌曲等作品，参与全国性相关展示和评选。推进传统文化教育，举办网络安全宣传周活动，优化网络环境。积极宣传典型师生，选树朋辈先进典型，选树创新创业、志愿服务、组织工作等各类先进典型，展现榜样力量。例如，积极组织开展"大学生网络文化节""高校网络育人优秀作品推选展示""网络文明进校园"等网络文化建设活动；针对低年级学生开设大学生活指南、生涯规划、心理健康等切合适应及规划的内容，针对高年级学生开设职业规划、就业创业指导等关于步入社会能力提升的内容，同时还应涉及艰苦奋斗教育、恋爱观教育、理想信念教育等。

第六节　心理育人

当前，国内外各种复杂局势风起云涌，大学生的观念意识、情感态度日趋复杂化，这对大学生心理造成一定冲击和影响。青年大学生作为刚刚离开原生家庭的特殊社会群体，需要开始独自解决学习生活、人际交往、自我意识、情绪情感、生涯规划等方面的问题。近年来，高校大学生心理困惑不断增多，心理危机事件也时有发生，主要表现为有的大学生因不自信、自我意识不强而在生活和学习中屡屡遭遇困境；有的大学生因无法承受考试失败、恋爱受挫、人际关系不良等消极影响，从而产生自我封闭、伤害自己、伤害他人的行为；有的大学生因现实自我与理想自我不匹配而产生心理上的强烈震荡；有的大学生因规划性不强，从而浑浑噩噩地空虚度日，造成学习成绩和个人生活一落千丈。大学生越来越多的心理不适行为引起了社会各界群体的广泛关注。

进入新时代，高校肩负起"培养担当民族复兴大任的时代新人"的重大战略任务，青年大学生的身心健康关系到社会的稳定和国家的未来。高校作为提高大学生心理素质、促进其身心和谐发展的主阵地，心理育人工作是培养高素质人才的关键环节，在帮助青年学生正确认识自我、提升心理调适能力、增强情绪稳定能力、塑造完整人格等方面发挥重要作用。

2017 年 12 月，教育部印发《高校思想政治工作质量提升工程实施纲要》，将"心理育人"作为十大育人体系中的重要组成部分，指出要"坚持育心与育德相结合，加强人文关怀和心理疏导，深入构建教育教学、实践活动、咨询服务、预防干预、平台保障'五位一体'的心理健康教育工作格局，着力培育师生理性平和、积极向上的健康心态，促进师生心理健康素质与思想道德素质、科学文化素质协调发展"①，表明心理育人在高校思想政治教育中的地位愈加重要，要加强大学生心理

---

① 中共中央国务院印发《关于加强和改进新形势下高校思想政治工作的意见》[N]. 人民日报，2017-02-28（1）．

健康教育和人文关怀。2018 年 4 月，教育部继续发布《高等学校学生心理健康教育指导纲要》，明确心理健康教育是高校人才培养体系的重要组成部分，也是高校思想政治工作的重要内容。2020 年 10 月，中国共产党第十九届中央委员会第五次全体会议把"社会文明程度得到新提高，社会主义核心价值观深入人心，人民思想道德素质、科学文化素质和身心健康素质明显提高"列入"十四五"时期经济社会发展的目标，表明身心健康素质已成为影响社会经济发展的重要因素。2021 年 7 月，教育部印发《关于加强学生心理健康管理工作的通知》，要求高校要面向本专科学生开设心理健康公共必修课，按师生比配备一定数量的心理健康教育专职教师，按照生均标准足额拨付心理健康教育专项资金，表明大学生心理健康问题已成为新时代高校思想政治教育亟须解决的新课题，如何保证大学生毕业后走进社会，步入职场，发展自我的时候更有效地发挥学识水平，积极从事各项社会工作和不断迈向更高层次发展，是高校开展心理育人的工作重点。

一、心理育人基本概念

（一）心理育人的内涵

关于"心理育人"内涵的研究，学界普遍认为心理育人不同于心理教育、心理健康教育、心理素质教育等概念，马建青提出，后者这些概念都涉及心理健康教育，而心理育人则是通过心理健康教育的手段实现育人的目标。① 杨晓庆认为，心理育人是指面向全体学生，利用心理知识与心理技术，有目的、有计划地对学生进行积极心理引导，缓解心理困惑，提升心理品质，促进人格健全，开发心理潜能，以实现培育有理想、有能力、有担当的时代新人目标的教育活动。② 由此可见，"心理育人"概念是我国高校心理健康教育发展的新成果，也是对心理健康教育内涵的进一步丰富。

高校心理育人具有多重内涵：一是以"育人"为目标。2018 年 9 月，2018 年 9 月，习近平总书记在全国教育大会上指出，"培养什么人，是教育的首要问题。"③ 我国高校是中国共产党领导的社会主义高校，这决定了我们的教育必须把培养社会主义建设者和接班人作为根本任务，这也是心理育人工作的最终目标，即突破心理教育工作过于强调对心理健康知识的了解和对某些不良行为的干预，真正提高学生的心理素质，推动学生人格健康发展，培养身心健康、人格健全的担当民族复兴大任的时代新人和立志为中国特色社会主义事业奋斗终身的有用人才。二是以"心理教育""心理健康教育""心理素质教育"等为手段，尊重学生主体地位，充分调动学生的主动

① 马建青，杨肖. 心理育人的内涵、功能与实施 [J]. 思想理论教育，2018（7）：87.

② 杨晓庆. 基于"三全育人"理念的高校心理育人实践 [J]. 学校党建与思想政治教育，2021（10）：46-48.

③ 习近平. 坚持中国特色社会主义教育发展道路 培养德智体美劳全面发展的社会主义建设者和接班人 [N]. 人民日报，2018-09-10.

性、积极性，通过心理健康教育的途径、方法或技术，如心理健康的相关课程、个体咨询和团体辅导，并结合各类新技术、新媒体、网络平台等培养学生自主自助维护心理健康的意识和能力，从而达到育人的目的。

（二）心理育人的功能

高校心理育人承担着促进学生心理健康、优化心理素质的重要功能，也是在高校开展心理教育的重要渠道。高校心理育人要把培养德智体美劳全面发展的高素质人才作为首要任务，将不断提高青年学生健康的心理品质作为提升高校思想政治工作质量，推动心理健康教育科学进入新时代的重要举措。

1. 心理育人有利于纾解大学生的心理困扰，提升大学生的心理健康素养，提高大学生认识心理危机、化解心理危机和应对心理危机的能力，培育大学生的健康心态，维护高校和谐与稳定

党的二十大报告指出：推进健康中国建设。把保障人民健康放在优先发展的战略位置，完善人民健康促进政策。2023年10月，教育部、国家卫生健康委等17部门联合印发全国学生心理健康工作专项行动计划，标志着我国加强学生心理健康工作上升为一项国家战略。面对中国社会转型升级和国际环境的变化莫测、世界各国不同文化的多重冲击、复杂的家庭内部结构和矛盾以及大学生自身素质等内外因素的影响，当代大学生在成长过程中表现出越来越多的发展性心理危机和障碍性心理危机，心理困惑和心理问题阻碍大学生的成长成才，严重的障

碍性心理危机还可能引发持久的心理创伤和自伤伤人风险，导致严重的社会危机。大学生的心理健康问题急需得到进一步的解决，才能为促进大学生成长成才提供基础保障。

心理育人注重满足不同大学生内在的心理需求，针对性地解决大学生在成长过程中遇到的人际交往、情绪情感、学业压力、求职就业等发展性心理问题；通过开设心理健康课程、开展日常心理健康教育活动，向大学生宣传和普及心理健康知识，提高大学生心理调适能力；同时联合医院配置心理咨询专业从业人员为大学生提供个体、团体心理咨询服务，以最大限度解决大学生障碍性心理问题；通过心理危机筛查和干预机制，辨别重点关注人员，指导学生从危机中获得对现状的把握，引导学生重新认识危机时间，掌握应对危机的策略，增强个体重建的信心，为培育健康心态奠定重要基础，为打造平安校园、维护社会稳定做出不可磨灭的贡献。

因此，在高校实施心理育人，无论对于个体还是对于国家都具有极为重要的健康战略意义。

2. 心理育人有利于塑造大学生理性平和、积极向上的积极心理品质，培养心理健康素质与思想道德素质、科学文化素质协调发展的时代新人，为实现中华民族伟大复兴做好人才储备

习近平总书记指出："青年是祖国的未来、民族的希望，也是我们党的未来和希望。"高校要秉持着为党育人、为国育才的使命担当，全面提高人才自主培养质量，着力造就拔尖创新人才，为社会主义现代化建设提供强有力的人才支持。习近

平总书记强调，青年最富有朝气、最富有梦想，是未来的领导者和建设者。① 近代以来，我国青年不懈追求的美好梦想，始终与振兴中华的历史进程紧密相连。青年兴则国家兴，青年强则国家强。习近平总书记勉励广大青年要在实现中国梦的生动实践中放飞青春梦想，在为人民利益的不懈奋斗中书写人生华章；要敢于有梦、勇于追梦、勤于圆梦，为实现中国梦增添强大青春能量。

　　然而，当代大学生所处的新时代却是世界格局变化万千的新时代，我们所面临的风险和机遇前所未有，这对时代新人心理素质揭出了更高的要求。

　　心理育人有助于塑造大学生健康的心理素质，激励大学生树立积极的心态。2013 年 5 月 4 日，习近平总书记在同各界优秀青年代表座谈时，对当代青年心理素质提出明确的要求：要历练宠辱不惊的心理素质，坚定百折不挠的进取意志，保持乐观向上的精神状态，变挫折为动力，用从挫折中吸取的教训启迪人生，使人生获得升华和超越。② 高校心理育人工作帮助大学生塑造平和、进取、反省、担当等良好的心理素质，可以为大学生正确应对和处理各种复杂问题提供强大的心理支持，引导大学生树立远大的理想和抱负，树立为共产主义远大理想和中国特色社会主义共同理想而奋斗的坚定信念，从心理层面激

---

① 习近平.在联合国教科文组织第九届青年论坛开幕式上的贺词［N］.人民日报，2015-10-27.

② 中共中央文献研究室.十八大以来重要文献选编（上）［M］.中央文献出版社，2014：278.

励大学生勇于克服困难，迎难而上，挺身而出，自觉把个人的理想追求融入国家和民族的事业中。

3. 心理育人有利于促进大学生素质教育和全面发展，提升大学生获得美好精神生活的能力

素质教育是我国教育工作培养人才的重要手段，对于促进学生全面发展具有重要作用。心理素质培养是素质教育的重要内容，也是学生全面发展的基础，对思想道德、科学文化、身体健康等素质等产生重要的制约作用。但是，由于社会需求，部分学生和家长们更加关注文化素质等方面的教育，而忽视心理素质教育，导致大学生出现心理问题甚至心理障碍，从而影响了其他素质的发展和提高。事实上，引发大学生心理健康问题的原因是复杂的，既与大学生本身所处的发展阶段以及内在的认知、信念、情绪情感、价值观等因素有关，又与外在复杂的国内外政治经济环境、社会环境、家庭环境等的影响有关，各种复杂因素长期交织在一起，给大学生的心理健康带来严峻的挑战，造成高校大学生的心理健康问题日益凸显。"冰冻三尺非一日之寒"，大学生心理问题的产生也不是一蹴而就，解决大学生的心理问题同样需要长期的过程。随着素质教育的全面推进，高校心理素质教育在高校素质教育工作中逐渐受到重视，但心理素质教育仍是素质教育亟须补上的一块短板。

心理育人的持续推进有助于推动心理素质教育在高校进入新的发展阶段，社会面越来越多地重视心理健康教育，德智体美劳全面发展愈发扎实地落实到高校工作中。

马克思认为"现实的人幸福的终极结果"是"实现每个人自由而全面的发展"。心理育人是通过运用心理学的原理和方法，提供给大学生自我成长、自我调节的方法，引导帮助大学生确立正确的价值坐标，使大学生面对危机时能够以自助或他助的方式帮助自己顺利渡过危机，以增强抗挫能力，提升个体精神生活需要的境界和追求幸福、追求美好生活的信心，从心理层面提高大学生主观幸福感，建立更高层次的幸福追求，提升大学生感受幸福、创造幸福的能力。

二、地方高校心理育人工作的现实困境

当前，我国正面临新时代发展的机遇与挑战，国内国际形势复杂多变，意识形态领域的斗争异常激烈，都从不同程度上影响着当代大学生的思想、心理和行为。近年来，虽然我国高校心理育人取得一定的成就和经验，心理育人的成效对于高素质人才培养打下坚实基础。但同时，高校心理育人在内涵建设、资源整合、师资配备、质量提升、效果评价等方面尚有不足，制约着高校心理育人工作的进一步发展。

（一）心理育人内涵建设还需进一步加强

随着时代发展，心理育人不仅局限于对学生心理问题进行处理，它的内涵进一步延伸，更加注重大学生的全面发展，把心理育人工作的出发点和落脚点放在提高学生心理健康水平、培养学生健全人格、提升学生综合素质，为国家培养德智体美劳全面发展的高素质人才上。

传统高校心理健康教育的主阵地是心理健康教育课堂及思想政治教育活动，心理健康教育育人主体主要是专职心理健康教师；育人途径主要是教师通过课堂教育开展知识宣传、开展心理健康教育讲座、提供个体和团体心理咨询、进行心理危机干预等工作，能够接受个体和团体心理咨询的大多数也是通过心理测量筛查出的"心理问题学生"；授课内容主要是传递给大学生心理健康知识和心理调适技巧，普遍存在偏重心理健康知识传授轻价值观引导的现象，这使得高校学生仅将心理健康教育看成一门普通课程，因此，传统心理育人方式对学生的吸引力和影响力不足，也让心理育人无法发挥应有的作用。

事实上，心理健康教育课程是高校心理育人的主要手段之一，其中蕴含大量的"育人"资源。新时代高校心理育人工作应更加强调以人为本，通过分析学生发展的心理需求和物质需求，针对性制定适合学生个体发展的教育策略，注重培养学生优秀的精神品质和良好的心理素质，为人才身心健康成长和全面发展奠定良好基础。同时，高校心理育人工作应该更多挖掘心理健康教育课程中蕴含的思想政治教育元素，同时融入世界观、人生观、价值观教育，使大学生主动开拓视野，将小我发展融入国家社会发展的大世界中，以立德树人为根本任务，以培养堪当民族复兴大任的时代新人为重要目标，将心理健康教育课程中丰富的思想政治教育资源有机融入心理健康教育课程教学和实践的各个环节，最大限度发挥心理健康教育课程的"育人"价值。

（二）心理育人课程的主渠道作用发挥不足

心理健康教育课程具有全覆盖的优势，高校是促进心理育人的主渠道。但是，由于心理健康教育课程教学中还存在一些薄弱环节和突出问题，导致心理健康教育课程的"育人"功能发挥受限。

第一，从授课方式上，心理健康教育课程出现两极分化的现象。一方面，课程内容的讲授与传输仍存在"单一灌输""过度灌输"倾向，缺乏对大学生进行情境体验式的互动教学，把课堂教学视为向学生传输心理健康知识的"平台"，学生被动接受教师传递的心理健康知识和心理调适技巧，被动记忆和背诵相关理论知识，而忽略了学生对心理状态的体验、对心理调适技巧的使用和对积极乐观心态的感受。在心理咨询工作中，也存在过度宣讲理论、过度讲道理和过度共情的现象，心理辅导、心理咨询重灌输轻体验，这种突出引导积极、乐观、外向等心理特征的咨询辅导，忽视了学生的现实心理需求和心理特征，造成心理健康教育实效性难以充分发挥。另一方面，在授课形式上存在过于考虑学生需求的情况，课堂上，教师授课时常常采用播放宣传视频、讲述心灵鸡汤故事的方式，试图增强课程内容对于学生的吸引力，致使心理育人的科学性、规范性、系统性下降。

第二，高校心理健康教育的载体和平台是开展心理育人活动的重要途径，对促进心理育人价值实现具有重要的作用。从课程载体来看，各类课程和活动的平台还不够多元化，特别是实践平台建设还需进一步完善。虽然高校利用多种载体和手段创造性地开展理论一些心理育人实践活动，以提高心理育人活动的号召力和感染力。例如：高校每年都举办如心理剧大赛、心理健康文化节、团体沙盘、心理小报等心理健康教育实践活动，但这些活动都相对单一和固定，创新性不足。同时，现代信息技术在心理育人中运用还不多，一项对新时代高校心理育人一体化建设的研究表明，有68.32%的高校心理健康教育咨询中心建立了心理育人专题网站，64.12%的学校开设了心理健康教育咨询中心微信公众号，但仍有相当多的高校还未实现心理健康教育信息化管理与运作。还有一些高校虽然利用新媒体开展心理健康知识宣传和心理育人工作，但推送的内容缺乏时效性和感召力，学生对推送内容的关注度不高，浏览量不大，致使平台沦为"空壳子"，线上心理育人与线下心理育人还有待深入融合。

第三，心理育人师资队伍建设还需进一步加强。心理育人是一项专业性、系统性工程，仅仅依靠心理健康专业教师这一中坚力量是远远不够的，但当前高校心理健康教育师资队伍的建设状况与理想的师资供给水平间还存在着较大差距，因此，还需要更多具备专业素质的教师投入其中，形成育人合力。

心理咨询中心和心理健康专业教师被视为开展大学生心理育人的主要责任单位和中坚力量，但在大部分高校，心理咨询中心相应配套的师资、场地、资源等教育力量都非常有限，而且它主要侧重于为已有一定程度心理问题的学生提供教育和服务，无法实现全覆盖为全体学生开展心理服务和干预。在心理问题的干预方面，辅导员等学生工作者贡献了相当多的力量，但是辅导员等育人群体专业系统的心理学专业知识和相关能力储备不足，在实际解决学生心理问题时会显得不够专业。因此，如何配强心理健康教育师资队伍，对于高校心理育人工作是亟须解决的问题。

（三）心理育人全员参与度有待进一步提高

从影响大学生心理健康的因素来看，心理育人工作不仅仅涉及高校，家庭和社会在心理育人中同样发挥着重要作用。目前，家庭与学校之间尚未普遍建立家校合作的心理育人协同机制，导致只有大学生出现心理问题时，家庭才介入干预，特别是在大学生出现严重心理问题时，家长容易出现认识不到位、介入不及时、沟通难以进行、配合不积极甚至是拒绝配合的情况，从既往事件看，部分家长还会把大学生产生心理问题的原因归结于学校。家校沟通合作缺位，学校与学生家庭沟通质量不高，更容易使得学生心理问题恶化，育人成效无法显现。因此，心理育人应进一步延伸到家庭教育、社会教育，发挥出多主体在心理育人中的重要作用。

心理育人应该服务于大学生成长成才的全过程，然而在实际工作中，更多是侧重关注有心理困扰或心理危机的学生。心理育人更应该尊重个性化，关注不同学生的不同心理需求、心理特点和心理状态，在关键时候给予引导、支持和鼓励。心理育人应该伴随学生在校成长的全过程，近年来，虽然大多数高校已设置心理健康必修课，但课程一般设置在低年级，高年级学生无法通过课堂获取知识，解答困惑。

三、地方高校心理育人的实施路径

（一）加强具有中国特色的心理育人理论研究

以"心理育人"为关键词，在网络上搜索关于其理论研究的文章，发现关于我国高校心理育人的科学理论研究暂为空白。当前，高校思想政治教育工作者还没有深刻地认识和把握心理育人规律，还未能准确掌握针对新时代大学生群体的心理育人本质规律，由于缺乏科学理论的研究指导，使得高校心理育人在课程教学和实践活动中呈碎片化存在，由于还没有成型的、统一的心理育人体系可供高校在育人实践过程中进行借鉴，使得各高校只能自行探索心理育人的途径方法，并在开展过程中摸索前进，但终究难以形成专业化、系统化的工作体系。这严重制约着高校心理育人工作科学化系统化专业化开展。

（二）强化心理健康教育课程作用发挥

心理健康教育课程的实施在心理育人中起着不容忽视的重要作用，是大学生接受心理健康教育的主要方式，是心理育人工作的重要部分。一是要站在课程思政规划、建设的高度，将心理育人融入思想政治教育课程和其他学科课程，使得心理育人这条主线贯穿于学校课程教学中，融入日常思想政治教育中。二是要不断探索创新心理健康教育课程的形式，丰富心理育人教学体系，提升教学质量。一方面，把课堂教学作为心理育人的重要渠道，纳入学校人才培养方案中，确保心理健康教育课程全覆盖；另一方面，利用数字教育资源及教育服务平台，探索网络化教育新模式。从而推动传统心理健康教育课程教学模式变革，把线上教学和线下教学结合起来，使心理育人工作不再受到时间地域限制，实现心理育人全过程全方位。三是进一步配强师资队伍。加强对心理健康专职教师专业素质的培养，提高其政治素养和专业能力；其他教育工作者要积极学习课程思政理念，在学科教学中渗透心理育人的工作。

（三）打造系统化的心理育人工作体系

高校心理育人是一项复杂的系统性工作，需要家庭、社会等多方面协作，以全员参与的方式开展育人工作。一是提升大学生自我教育能力，倡导"每个人是自己心理健康第一责任人"的理念，强调大学生通过课堂所学进一步提升心理状态觉察能力、自我心理调适能力和求助能力。二是提升家庭理解涵养能力，家庭作为大学生温暖的港湾，父母作为与大学生链接最亲密的个体，在大学生触发心理危机时，往往家庭的包容和理解能够成为化危机为转机的关键钥匙。三是提升高校教育引导能力，高校的根本目标就是培养德智体美劳全面发展的社会主义建设者和接班人，高校要教育引导大学生逐步形成马克思主义的哲学思维，学会用全面、系统、辩证的观点分析和处理问题，用发展的眼光看问题；让大学生学会理论联系实际，提升解决现实问题的能力，减少心理问题发生的概率，提升心理育人实效。

第七节　管理育人

管理育人是高校人才培养的重要环节，是高校加强和改进大学生思想政治教育的重要途径，是高校"三全育人"综合改革的重要组成，承载着培养德智体美劳全面发展的社会主义建设者和接班人的重要使命。2016 年，习近平总书记在全国思想政治工作会议上指出："高校要坚持不懈培育优良校风和学风，使高校发展做到治理有方、管理到位、风清气正。推进依法治教的进程中，高校的首要任务是推行依法治校，而依法治校的重点内容是实行学生依法管理。"① 通过一系列有组织、有计划、有目的的管理活动，提升管理育人的质量，实现立德树人的根本任务。党和国家相继出台了《高校思想政治工作质量提升工程实施纲要》《关于加快建设高水平本科教育全面提高人才培养能力的意见》《关于进一步加强高等学校法治工作的意见》《关于加快构建高校思想政治工作体系的意见》《关于开展大中小学思政课一体化共同体建设的通知》等文件，对切实强化高校管理育人工作，提升管理育人质量指明了方向，也彰显了管理育人的重要性。高校管理育人工作从来不是一蹴而就

---

① 习近平在全国高校思想政治工作会议上强调：把思想政治工作贯穿教育教学全过程 开创我国高等教育事业发展新局面［EB/OL］. 中华人民共和国教育部网站，2016-12-08.

的，要实现立德树人根本目标，必须契合新时代发展情况，深入理解和把握管理育人的内涵及特征，因时而进地探寻管理育人的优化路径，持续推动管理育人工作提质增效。

一、管理育人基本概念

（一）管理育人的内涵

准确把握管理育人的内涵，首先要对管理育人的相关概念有所认识。从汉字字义看，管理有管辖、处理、管人、理事等含义，随着人类社会走向秩序化，管理作为人类有意识有目的的活动，指导着人类组织生产活动，体现为以计划、组织、指挥、协调及控制为要素的活动过程，作为人类各类型组织合理运行及提升治理效能的原则而存在。学校是以培养人才为主要职能的教育型组织，那么，不同于其他的管理实践，地方院校的管理要落脚到育人，即"育人"是地方院校管理工作的出发点与落脚点。

学界对于管理育人内涵的具体说法有所差异，但在基本认识上较为一致。赵建华认为管理育人就是指学校的管理部门及其人员把育人作为管理工作的出发点和落脚点，通过一系列有目的、有计划、有组织的管理行为，对被管理者、管理者自身以及其他人员的思想道德品质和行为习惯施加影响，使之趋向于学校育人目标的过程①；冯刚阐释了管理即服务的观点，认为高校各部门及其工作人员在高校内部的管理行为实质上都是为高校的"育人"这一中心职能进行的服务②。基于此，从理论上看，地方院校的管理育人隶属于一种教育思想，主要是为实现立德树人的人才培养目标提供着方法论上的指导，体现为将管理的思想贯穿于地方院校的教育实践。从实践上看，地方院校的管理育人是通过以思想政治教育和德育为主要内容的管理行为提升人的综合素质的事件过程，主要涉及教学、科研、人事、设备、财务、信息和后勤等组织实践过程，并形成由立德树人育人理念集中指导下的汇集教学育人、科研育人等教育维度一体化的高校管理育人实践体系。

（二）管理育人的特征

一是管理育人的方向性。从管理育人的目标指向看，管理育人的根本也是要解决好"培养什么人、怎样培养人、为谁培养人"的问题。解决这个问题的首要前提就是"必须坚持正确政治方向"，也就是说，方向性是新时代高校管理育人的首要特征。从管理育人的领导主体看，学校管理育人工作更加突出了党的领导，强调要始终坚持以党的教育方针为指导，要牢牢掌握党对高校管理育人工作的领导权，从根本上保障地方院校

---

① 赵建华. 关于加强高校管理育人工作的几点思考 [J]. 思想理论教育导刊，2011（2）：103-105.

② 冯刚. 服务育人理念在学生事务管理中的融入和深化 [J]. 高校辅导员，2017（5）：3-9.

的管理育人工作沿着正确的方向发展。从管理育人的目标看，地方院校的管理育人，肩负着为党为国育才的重要使命。习近平总书记曾作出明确阐述，"我国是中国共产党领导的社会主义国家，这就决定了我们的教育必须把培养社会主义建设者和接班人作为根本任务，培养一代又一代拥护中国共产党领导和我国社会主义制度、立志为中国特色社会主义事业奋斗终身的有用人才。这是教育工作的根本任务，也是教育现代化的方向目标"①。从管理育人的内容看，地方院校的管理育人始终以马克思主义为指导，在育人过程中注重以习近平新时代中国特色社会主义思想铸魂育人，不断增强社会主义意识形态凝聚力和引领力，实现对学生思想与行为的价值性主导和倾向性引导。

二是管理育人的全员参与性。习近平总书记在全国高校思想政治工作会议上指出，"要坚持把立德树人作为中心环节，把思想政治工作贯穿教育教学全过程，实现全程育人、全方位育人，努力开创我国高等教育事业发展新局面"②。即，地方院校的管理育人必须全过程融入思想政治工作，管理育人的主客体也都必须积极主动地参与到管理育人工作中。从管理育人的主体看，全体教职工都被赋予了育人职责，秉持"以学生为

---

① 习近平. 坚持中国特色社会主义教育发展道路 培养德智体美劳全面发展的社会主义建设者和接班人［N］. 人民日报，2018-09-10.
② 习近平在全国高校思想政治工作会议上强调：把思想政治工作贯穿教育教学全过程 开创我国高等教育事业发展新局面［EB/OL］. 中华人民共和国教育部网站，2016-12-08.

中心"的理念，可以将地方院校管理育人主体分为行政管理者、专技教师、学工育人等三种高校管理者育人类型。其一，行政管理者表现为地方院校党政机关工作人员从制度供给、资源协调供给等角度，为学生提供良好的学习环境及相关服务，营造良好校园文化环境，打牢培养人才与科学研究的物质基础。其二，专技教师、实验师等教职工通过课堂管理、教学实践等教学过程实现对学生的教育、培养，在践行相关教育教学制度的管理实践过程中，将课程育人与管理育人一体化建设。其三，学工育人队伍通常以辅导员为代表，通过对班级管理、学生日常事务管理等形式，实现对学生的思想引领，链接着地方院校行政、教学对学生的多方培养。从管理育人客体看，地方院校的管理工作的开展离不开全体教职工，也离不开广大学生骨干与学生群体的支持，需要通过地方院校各部门、各类"管理"人员与学生群体的共同努力，才能形成高校管理育人中的强大合力。

三是管理育人的服务性。"为了一切的学生，为了学生的一切"这一价值指向，影响着地方院校的管理育人工作，这需要地方院校突破"重管理轻服务"的思维方式，凸显管理育人中的服务性。从管理育人理念上看，"学生本位"打破了行政权力为主导的自上而下的单向管理理念。要求在管理育人过程中，更加紧密围绕学生，更加注重对学生的人文关怀，进而实现由被动式管理转向主动服务式管理，在尊重、关怀学生的过程中实现激励、启发、凝聚学生的目的。从管理育人服务供给看，按照解决实际问题与解决思想问题相结合原则，地方院校的管理育人切合学生的内在需求，让服务内容呈现了多元化发展，在服务学生的过程中教育、引导学生，进而促进育人实效。服务是管理的应有之义，高校管理育人正是通过转变管理育人理念、强化服务供给能力提升工作的服务性，以满足学生全面发展的时代要求。

四是管理育人的规范性。恩格斯曾指出："在社会发展的某个很早的阶段，产生这样一种需要：把每天重复着的生产、分配和交换用一个共同规则约束起来，借以使个人服从生产和交换的共同条件。这个规则首先表现为习惯，不久便成了法律。"① 换言之，社会发展需要制度规则约束起来，这种制度的约束就体现出了规范性。地方院校的管理育人同样需要共同的规则，以制度促进治理。从管理育人的相关制度的制定看，管理育人制度必须在相关法律和大学章程的架构内进行制定与完善，做到制度制定"于法有据、于章程有据"，它将约束相关机构的运行及相关人员实施教育教学的行为。简单来说，地方院校通过相关规章制度的构建，对从事教育教学、行政管理以及学工管理的相关人员实行制度管理，促使相关工作人员以立德树人的育人理念作为开展工作的指导原则，以制度为先导为高校管理队伍建设提供了规范性标准，并通过相关管理者的管理实践反向推动高校管理制度不断完善，最终形成制度建设

---

① 中共中央马克思恩格斯列宁斯大林著作编译局. 马克思恩格斯选集：第3卷 [M]. 北京：人民出版社，2012：260.

与人才队伍建设相互促进的工作开展局面。从管理育人的制度的执行看，地方院校要严格按照制度要求，规范制度执行程序，在规范执行制度的过程中引导学生对自己的行为做出选择，使制度由外在他律转化为学生自身需要的内在自律。

（三）管理育人的价值意义

1. 管理育人是地方院校落实立德树人根本任务的重要抓手

管理育人是大学生思想政治教育的重要途径和高校人才培养的重要手段，是高校落实立德树人根本任务的重要抓手。从学校管理的各方面多层次的育人工作可知，在落实立德树人这项系统工程上，管理育人是其不可或缺的重要力量。其一，地方院校的管理体系能够为育人工作提供经费、设施、安全稳定等基础性保障。如：图书馆建设上，通过规范建设、优化服务，能够为学生提供优良的学习环境与丰富的馆藏资料。其二，地方院校的管理规章制度制定能够为育人提供重要的制度保障与重要的领域、载体。以学生管理规定为例，"以生为本"科学制定且严格落实好规章制度，可以有效地规范、引导和调节学生的思想、行为，有助于学生通过落实规章制度养成良好的学习、生活习惯。教学管理人员按照教学管理规定开展教学计划，也能够更好地保证教学任务的完成与教学目标的实现，进而培养出更多能够适应中国式现代化建设所需的合格建设者与可靠接班人。其三，地方院校的管理人员是育人工作行之有效不可或缺的重要力量。立德树人系统工程的运转，离不开人的服务。明确了高校管理工作的重要育人功能，也就明确了高校管理育人是保证立德树人根本任务落到实处的重要路径。

2. 管理育人是地方院校培养全面发展的时代新人的现实需要

习近平总书记在全国高校思想政治工作会议上强调,"办好我国高校,办出世界一流大学,必须牢牢抓住全面提高人才培养能力这个核心点,并以此来带动高校其他工作。"[①] 党的二十大报告中指出,教育、科技、人才是全面建设社会主义现代化国家的基础性、战略性支撑。[②] 人才是第一资源,必须实施好人才强国战略。培养大批能担当民族复兴大任的高素质专门人才,为实现第二个百年奋斗目标、成为社会主义现代化强国提供强大的人才支持和智力支持,人才培养是育人关键,必须在人才培养上下功夫。要培养出德、智、体、美、劳全面发展的时代新人,需要科学把握"五育"的内在联系,做到"以德育人、以智慧人、以体健人、以美化人、以劳塑人",着力构建高质量发展的培养体系,构建全员育人、全过程育人和全方位育人的"三全育人"工作体系,统筹包括管理育人在内的各方育人的综合力量,将立德树人融入教育体系中,融入思想道德教育、文化知识教育、社会实践教育等各个环节,培养

① 习近平在全国高校思想政治工作会议上强调:把思想政治工作贯穿教育教学全过程 开创我国高等教育事业发展新局面 [EB/OL]. 中华人民共和国教育部网站,2016-12-08.

② 习近平. 高举中国特色社会主义伟大旗帜 为全面建设社会主义现代化国家而团结奋斗:在中国共产党第二十次全国代表大会上的报告 [N]. 人民日报,2022-10-26.

出有理想、敢担当、能吃苦、肯奋斗的新时代好青年。

3. 管理育人是地方院校落实"三全育人"综合改革的关键渠道

管理育人是将思想政治教育与管理工作有机结合的育人模式，是将思想价值引领融入制度、教学、组织建设、后勤服务、校园文化管理等各个环节的重要渠道，地方院校要落实"三全育人"综合改革，就需要不断优化管理育人实效。可以说，管理育人是保证教书育人、服务育人等十大育人体系能够顺利进行的关键力量。管理育人的主体是学校的管理部门及其工作人员，从广义上讲其对象除学生、教职工，还包括整个管理队伍和学校领导，管理不仅要求按制度规矩办事、办成事，提高管理效率，更重要的是维护学校各项活动顺利开展，直接影响教书育人、服务育人等成效，其本质在于对学生进行德行熏陶和人格培养，和教师育人、服务育人相比较，管理育人可以使学校管理的每一个环节、每一个角落、每一个人、每一件事、每一件物都成为教育之场所，赋予育人之意义。如，对学生来讲，管理者的办学理念、选择的人才培养模式、确定的校训对学生都会产生深远的影响；管理者的思想道德素质、办事态度、办事效率、为人处事都会深刻影响学生的三观塑造，影响学生对他人、学校、社会、政府的基本看法。从教师角度来讲，在同管理者打交道过程中如能体验到人性化的管理和受到公平公正的对待，势必会拥有更多的获得感和荣誉感，将这种情绪带到工作中会激发教师的工作热情，成为教师教书育人取之不尽、用之不竭的动力源泉。反之，如果教师在同管理者打交道过程中关系不融洽、气氛不和谐，感觉受到不公平的对待，则会严重挫伤广大教师教学和育人的积极性。因此，管理育人是保证地方院校"三全育人"综合改革顺利开展的关键力量。

二、地方院校管理育人建设存在的问题

当前，我国各高校对管理育人工作的重视度呈现积极态势，管理育人工作理念与实践的有益发展，促进了管理育人工作的开展，与此同时，地方院校在推进工作过程中也存在一些问题，从育人制度、育人意识、管理水平等方面还存在现实难题。

（一）制度机制保障不足

一是管理育人机制不健全，岗位职责不明确。以学生管理制度为例，当前地方院校学生管理主要是以惩罚性制度为主，而缺乏对学生柔性的管理约束，难以客观地分析学生的综合素质。另外高校的管理育人机制存在内容更新不及时的问题，难以适应新时代高校育人管理工作新形势的发展要求。二是制度机制落实不到位，容易出现"上面紧、下面松"情况。部分地方院校将规章制度单纯作为学校开展各项工作的管理标准和约束，没有正确认识到规章制度在高校工作开展过程中应发挥出来的育人作用，忽视了规章制度的落实执行情况，对于规章制度执行力的要求和标准层层递减，这就导致规章制度的育人作

用得不到充分发挥，甚至起不到行为规范的作用。科学的规章制度是地方院校管理育人工作开展的重要保障，严格落实制度的执行是地方院校管理育人工作的重要前提，若制度执行懈怠或者执行不到位，就无法合理规范管理对象的行为，从而影响并降低学校的秩序感，无法实现育人的目的。

（二）育人导向认知浅显

一是部分地方院校、教职员工仍然存在"重管理，轻育人"的问题，将工作的重点凝聚在管理的层面上，管理过程中将工作和育人分裂开，整体育人意识淡薄，没有有效发挥出育人的作用。地方院校通过制定各项规章制度来进行工作管理，由此实现学校规范化、制度化、科学化的管理，但若只通过制定规则，却忽视引导学生群体遵守规章制度的教育，这是不可取的。二是部分地方院校、教职员工仍然存在"重结果，轻过程"的问题，在育人导向上倾向于专业化人才培养上，在德育方面却存在管理上投入不足的问题，易忽视专业课程教学与思政教育的深度融合。三是部分地方院校、教职员工仍然存在育人方法认知问题，部分地方院校主要以规章制度的文件发布为主，这使教师及学生群体对"有章可依、有章必依"的认识不足，对学生群体的教育引导作用不充分。

（三）管理水平有待提高

一是管理队伍工作力量薄弱。囿于单位编制数量、人员工作意愿等主观、客观原因，地方院校管理队伍普遍存在人员的不稳定性与流动性，部分部门人手不足，工作开展效率低，这使管理育人工作的开展存在现实困难。二是管理工作能力培养后劲不足。地方院校对于人才选拔一般会有各自的规定与要求，但在人才队伍后续的跟踪培养与综合考核方面后劲不足，部分地方院校对管理队伍的整体框架构建科学且合理，但在队伍成员个人的综合能力上有所弱化，因此，不仅仅要注重工作理论知识的提高，还应对思想素质、工作态度、实践工作能力等进行培养，避免出现"才不配德，德不配位"的问题。

三、地方院校管理育人建设的方法路径

"管理"是责任，"育人"是目标。地方院校推进"管理育人"建设，是建设现代化大学制度的基本要求，也是推进"三全育人"综合改革，加强和改进大学生思想政治教育的重要途径。要发挥地方院校管理育人作用，需以管理为中心，推进治理体系与治理能力现代化水平的不断提升，进一步释放管理效能，统筹推进地方院校育人效果高质量发展。

（一）践行大学精神为核心的管理理念

一方面，要树立"以生为本"的管理理念。要求管理部门带头强化"以生为本"的管理理念，对学生多关爱、多理解、多爱护，针对学生在学习和生活中遇到的思想困惑，做到具体问题具体分析，经常性走进基层，走进一线，贴近学生，认真倾听学生心声，精准了解掌握学生所思、所想、所盼，聚焦学生关切，及时排忧解难，真正把管理转变为春风化雨、润物无声的教育工作。另一方面，要强化科学管理对道德涵育的保障

功能。不能将管理工作的职能仅仅定性为维护学校日常的教学、科研工作秩序，完成党政工作的日常事务，而是要对管理工作的育人价值意蕴有充分认识，将标准化管理与人性化管理相结合，不断拓展管理育人的新思路和新办法，把社会主义核心价值观教育融入育人全过程，做到管理与育人都要抓，都要硬。

（二）建立健全领导机制、工作机制

一是建立健全管理育人的领导体制。地方院校党委要发挥领导核心作用，有条件的地方院校成立领导小组，发挥党在高校管理育人中的领导作用，健全完善党委统一领导、党政齐抓共管、院系具体落实、全员协同参与的管理育人体制机制。夯实主要负责同志"第一责任人"责任，分管负责同志"一岗双责"责任，业务部门协调督促责任，基层党组织具体落实责任。把管理育人纳入党委的议事日程中，整体规划管理育人工作，定期研判管理育人工作的推进情况，详细制定管理育人的工作条例、职责、奖励办法，营造管理育人的环境，不断提高管理育人的成效。二是加强统筹协调，提高规章制度建设的系统性和科学性。以制度建设为抓手，促进管理育人体系建设。地方院校结合"放管服"要求，以加强科学管理、落实育人目标为出发点，依法、科学、合理地优化规章制度，结合学校章程、校规校纪、自律公约的修订完善，建立健全依法治校的工作要求和保障机制。如，对涉及学生基本权利义务的规章制度开展定期评估工作，坚持以学生为本，秉持育人导向，充分释放"良法之治"的育人力量。三是强化规章制度贯彻落实，在"有章可依"基础上实现"有章必依"，保障学校各项工作始终在法治轨道上有序进行。四是做好管理育人保障。提高经费使用效率，科学编制年度经费预算，合理安排资金，充分满足人才培养、学科建设等重点领域的资金需求，确保教育经费投入的育人导向。

（三）建设高素质专业化管理队伍

一是坚持新时代好干部标准，修订完善地方院校选人用人和干部教育培养管理办法，在干部选任、教育、管理等工作中树立育人导向，强化育人意识，选好配强各级领导班子和干部队伍。二是注重提高各类管理人员育人能力。一方面要构建系统性和经常性的教育培训机制。"高校教师要坚持教育者先受教育"，要通过党委理论中心组学习、教职工党支部理论学习、教职工政治理论学习、新入职教师及青年教师培训等方式，用党的最新理论成果武装头脑，将社会主义核心价值观、爱国奋斗精神、教书育人荣誉感作为主要内容，增强对教师的思想引领，强化对新时代管理育人工作的理解，加强对管理育人规律的把握和运用。另一方面要健全考核激励机制。要把管理育人责任落实情况纳入岗位考核评价体系之中，破解单纯依靠定性指标的考核方式，"探索用量化标准来描述各类管理育人活动的现实状态与实际成效"。同时要完善激励机制，着力培育、建设和宣传一批"管理育人示范岗"，调动管理育人主体的育人积极性，使之成为深化地方院校管理育人改革发展的领头雁。三是塑造良好师德师风。加强教师队伍管理，严把教师聘用、人才引进的政治考核关、品德考核关和教学考核关，依法依规加大对各类违反师德和学术不端行为的查处力度，及时纠正不良倾向和问题。严格教师资格和准入制度，突出对新入职教师的思想政治状况审查，重点考察其思想政治品德、学风教风、过往有无违反师德的行为、是否坚持学术诚信以及学术道德水平，严把师德"入口关"，对师德不合格的教师实施"一票否决"。

（四）创新地方院校管理育人有效载体

一是塑造特色地方院校管理文化。对地方院校而言，文化不仅仅是彰显学校品格与办学底蕴的重要窗口，还是潜移默化塑造学生的重要载体。地方院校应加大自身特色管理文化的发掘力度，从学校办学历程中发掘具有特色的管理文化元素，并在中国特色社会主义文化的基础上，对管理文化加以改造，传承好高校在漫长办学历程中积累下来的历史文化、价值取向和精神追求，以校史、校训、校风等形式激发师生的共同愿景和价值追求，从而营造出"治理有方、管理到位、风清气正"的育人氛围。二是运用好数字信息技术。随着教育信息化进程的深入推进，大数据、人工智能等信息化技术手段成为推动地方管理育人创新发展的强大力量。地方院校应善于运用先进的信息化技术手段，不断提高管理育人的科学化水平。如，通过学生管理系统、在线学习平台和课程管理平台等大数据载体，实现对学生学习、生活等信息采集，进而更好地服务学生。同时，注意对智慧校园的建设，从硬件设施与软件设备方面入手，将人工智能充分融入管理育人过程，"提高自动化管理水平和资源整合效率"，形成惠及全体师生的学习、生活和工作的人工智能网络，不断提升管理育人科学化水平。

第八节　服务育人

服务育人是高校思想政治教育的重要组成，是落实立德树人根本任务的重要环节，是提升高校办学质量与人才培养质量的重要因素。早在 2004 年，中共中央、国务院印发的《关于进一步加强和改进大学生思想政治教育的意见》中就指出了"广大教职员工都负有对大学生进行思想政治教育的重要责任。要制定完善有关规定和政策，明确职责任务和考核办法，形成教书育人、管理育人、服务育人的良好氛围和工作格局"[1]。"高等学校的职工对培养学生有着重要的作用。加强职工思想政治工作，帮助他们进一步树立为人民服务、为教学科研服务的思想，勤勤恳恳做好本职工作，搞好服务育人，这也是高等学校思想政治工作的重要方面。"[2] 2017 年，教育部党组制定

---

[1] 中华人民共和国教育部. 中共中央国务院发出《关于进一步加强和改进大学生思想政治教育的意见》[A/OL]. 中华人民共和国教育部网站，2004-10-15.

[2] 中共中央文献研究室. 十二大以来重要文献选编 [M]. 北京：人民出版社，1988：1419.

的《高校思想政治工作质量提升工程实施纲要》将服务育人纳入十大育人体系中，为高校服务育人工作指明了方向。2020年，教育部等八部门联合印发《关于加快构建高校思想政治工作体系的意见》，再次强调管理服务育人的重要性，提出了深化管理服务育人工作的新要求。要建立符合中国式现代化需求的高质量教育体系，落实立德树人根本任务，就要充分调动"人"的主观能动性，充分挖掘高校服务工作中显性的、隐性的育人要素，在服务师生中为课程育人、科研育人、管理育人等工作水平的提高提供强有力的支撑。

一、服务育人基本概念

"服务育人这一概念的最早提出要追溯到 1950 年召开的中国教育工会第一次全国代表大会。"① 此次大会指出，教育工作包含教书育人、服务育人与管理育人。随着社会的发展，对于服务育人的内涵与外延的理解也在不断地丰富与加深，多以广义与狭义作阐释。孙冰红等认为，广义上的服务育人强调大服务的理念，形成系统多维的大服务体系，强调高校的各方面、各个系统、各个部门工作都有服务学生发展的任务，高校的教职员工都有服务育人的责任和义务。② 学者多认为，广义

---

① 刘军，国佳，莫梓峰．高校"服务育人"的实践与探索：以广东外语外贸大学一站式服务大厅为例［J］．内蒙古师范大学学报（教育科学版），2015，29（10）：82.
② 孙冰红，杨宁宁．新时代高校思想政治工作服务育人机制研究［J］．中国高等教育，2020（7）：33-35.

的服务育人体现了"大服务"的理念，育人主体扩展到了全体教职员工。从狭义上看，张莉等提出，服务育人仅仅指高校的后勤工作人员，他们从饮食起居各个方面为学生提供后勤服务保障工作，并通过提供的优质服务和创造的良好服务氛围于潜移默化、润物无声中影响带动学生，实现育人目标。[①] 本文中的服务育人泛指广义的服务育人，即育人主体不仅是后勤工作人员，还包括机关工作人员、任课教师、辅导员等在内的高校全体教职员工，在把握学生成长发展需要、遵循教育规律的基础上，靶向围绕师生、关照师生、服务师生，从而对学生产生潜移默化的正向的影响的一种育人方式。

二、服务育人的价值意义

（一）服务育人是"三全育人"的重要载体

作为十大育人体系的重要单元，服务育人体现着"全员、全过程、全方位"育人的教育理念。一是育人主体的全员性，服务育人的主体涵盖了任课教师、教辅人员、后勤工作人员等，从不同领域服务着学生成长，达到了协同育人、合力育人的目标。二是育人实践的全过程、全方位性，服务育人贯穿于学生学习生活的全过程，为学生住宿、饮食、学习、考试、社会实践、就业考研等实践提供空间、实物等方面的指导教育、

[①] 张莉，张茹，赵立成. 新时代高校服务育人的内涵与实践路径探究［J］. 锦州医科大学学报（社会科学版），2023，21（5）：97-100.

帮助支持、管理服务，用优美的生活环境、亲和的工作态度、科学的管理体制，全程、全方位地提高着大学生的获得感、幸福感，成为高校"三全育人"的重要场域。

（二）服务育人是培养全面发展的时代新人的重要抓手

党的二十大报告指出："育人的根本在于立德。"① "立什么德、如何立德，树什么人、为谁树人"是办好中国特色社会主义大学的首要问题。高校服务工作是落实立德树人根本任务的重要环节，是培养全面发展的时代新人的重要抓手。一方面，高校服务工作的本质是"人"，以学生为中心，通过发挥"服务"的价值与育人功能，促进学生的全面发展。新时代的服务育人框架包含着在服务中"修德"、在服务中"启智"、在服务中"健体"、在服务中"育美"、在服务中"崇劳"等各个方面，既立足传承，又面向未来，全面推进高校服务育人的质量变革、效率变革和动力变革，也必将促进学生服务意识、服务使命、服务技能的全面提升。② 另一方面，高校服务育人能够有效为课程育人、科研育人等提供基础保障，形成育人合力。服务育人参与着培养全面发展的时代新人的物质保障与精神保障，物质方面，教室、图书馆、实验室、操场等校内场所、环境的舒适离不开高校服务工作；精神方面，全校教职

---

① 习近平. 高举中国特色社会主义伟大旗帜 为全面建设社会主义现代化国家而团结奋斗：在中国共产党第二十次全国代表大会上的报告 ［N］. 人民日报，2022-10-26 (1).

② 王胜本，李鹤飞，刘旭东. 构建新时代高质量服务育人体系 ［J］. 中国高等教育，2021 (17)：50-52.

员工通过在服务育人工作中展现的务实、敬业、专业、严谨、真诚、奉献等精神风貌促进良好教风、良好工作风气的形成，有效地将关心人、尊重人、教育人进行有机结合，促进学生的全面发展。

三、地方院校服务育人存在的问题

（一）重视程度不够

作为育人的重要环节，部分高校在服务育人的育人功能、主体划分、主体地位认知等方面还存在较大误区，重视程度与重要程度不匹配，这在一定程度上影响着服务育人成效的实现。一是对服务工作的育人功能重视不够。多数高校能够认识到服务对于学生成长、教师教学科研提升等方面的重要性，但这种意识更多聚焦于服务是否能够保障好学校教学科研活动运行运转上，容易忽视对服务工作育人功能本身的引导。部分高校对服务育人重要主体的后勤人员实行社会化管理改革，商业化和功利化不可避免地渗透到服务机制中，实体人员结构发生较大变化，非编人员上升，在一定程度上弱化了后勤人员的服务观念，忽视了后勤的育人功能。二是对服务育人主体划分与主体地位的认知不足。部分高校存在重教学科研、轻管理服务的现象，主体划分上多将服务育人主体划分为资产与后勤管理处、图书馆、校医院、保卫处等单位教职员工，对"大服务"理念认识不充分。此外，育人主体重视事务性工作与技术服务工作，认为育人是思政课教师、辅导员等人员的责任，把自己置身于思想政治教育工作之外，缺乏对服务育人规律与独特价值的认识。

（二）顶层设计欠缺

顶层设计欠缺是机制发展滞后的关键原因。在高校服务育人机制的构建与实施中，高校理应坚持立德树人的根本任务，坚持正确的服务育人观，科学规划学校的服务育人工作，整合资源，为整个运行过程提供指导与实施依据。但在现实情况中，很多高校在这方面做得远远不够，缺乏专业人士做出科学合理的分析，而不能形成一个系统完整、可操作性的顶层设计。在服务育人运行机制的顶层设计中，理论与实际结合不够，逻辑关系清晰度不够，资源配置的科学性有待提高，整合资源的体现还不甚明显。

（三）形成合力不足

在高校服务育人机制实施过程中，服务育人的各部门需要做到统筹规划，协同发展，才能科学运行。这需要充分调动与利用各方资源，形成育人合力，发掘服务育人机制的最大潜力，使育人效果达到最佳状态。但是，以目前高校的运行情况来看，明显存在着协同不到位的问题，各部门之间还不能真正实现上下联通，同向发展。学工、教务、后勤等各部门及各学院之间的协同运行都存在着或多或少的问题。资源整合不到位，管理分散，造成很大程度的资源浪费，也无法充分发挥服务育人的作用。

例如，在公寓管理中，学工部门负责教育管理学生，而后勤部门更多是对学生设施维修、卫生清扫等生活具体事务的服务。公寓管理人员在实际生活中与学生接触多，具有贴近学生、了解学生需求的条件，但往往重"业"不重"育"，认为教育是学工部门的岗位职责，从而忽视自身的育人责任。

（四）制度保障不完善

随着时代的发展，高校的各项制度应该快速契合学生的发展和需求。但学校规章制度的制定和修改流程慢，时间长，更改难度大，无法实时更新，在满足学生个性化诉求方面的及时性、有效性就相对较差了。任何制度和体制的运行实施，都需要相应的监督机制，从而使反馈和考评成为一种常规程序。但高校服务育人工作的监督机制不甚完善，缺乏责任追究制度，这也导致了评价机制中反馈与优化环节的欠缺。忽略对于运行效果的监督，形成既定计划消极应付、无从落实、更无人问责的局面，会影响机制的长效运行，不利于健康可持续发展。

（五）评价机制不健全

高校服务育人的评价机制还不健全，尚未形成一个多元立体、系统完整的高效机制。第一，对评价的重视程度不高。在以往大学生思想政治工作服务育人评价过程中，评价结果相对而言比较简单，不具有全面性，这样一来，许多工作者及大学生都会以为评价结果只是作为一种结论性的东西而存在，并不会产生实质性的影响，和学生事务工作、后勤服务保障等也不具有显著的关联性，更不要说对学生将来的成长发展有借鉴性价值。而正是由于此种思想观念的存在，各评价主体、大学生等逐渐对评价过程产生一种忽视的、无所谓的态度，以至于其结果更加不具备科学性及指导作用，从而影响到评价结果的价值导向和评价机制的改进。第二，评价方法不科学。在对高校思想政治工作服务育人工作的评价中，评价方法传统滞后，很多科学、前沿的评价方法没有得到运用，而且有些高校不结合自身实际，照搬套用其他高校的机制。高校建立评价机制，要遵循科学合理的原则，以国家的大政方针为依托，结合高校自身的特点构建符合自身实际的评价机制。第三，评价机制相对滞后。主要有两重原因，一是缺乏科学的量化指标，影响了评价结果的客观性和准确性。二是评价结果不能得到及时反馈，大大降低了时效性，影响了反馈对于机制的指导价值。第四，忽视对服务育人协调参与单位的评价，造成开展协同育人时缺乏相关的评价反馈，对机制相关环节难以进行改进与完善。

四、服务育人实施的有效途径

（一）丰富服务育人内涵

注重统筹兼顾。加强党的领导，优化顶层设计，健全体制机制，统筹育人资源，挖掘育人要素，拓展育人平台，开展育人活动，构建大思政工作格局。坚持问题导向。聚焦思政工作不平衡不充分的突出问题，在高校后勤服务保障工作中补短板、强弱项、通盲区、接断点，打通"三全育人"最后一公里。

突出工作重点。厘清服务育人工作的重点任务，把握重点群体，抓住重点环节，突破重点领域，以重点带动全面，整体提升"三全育人"改革成效。增强工作实效。坚持以人为本，遵循教书育人规律、学生成长规律和思想政治工作规律，增强思想政治工作针对性、亲和力，建立持续改进的服务育人长效机制。

通过推进后勤服务改革，提供优质的后勤服务保障；通过强化公共安全教育，提升学生安全意识和素养；通过开展劳动素养提升活动，提升学生劳动观念和劳动意识，珍惜劳动成果；通过打造优美校园环境，提升环境育人工作水平；通过解决师生工作学习中的合理诉求，提供贴心服务，引导学生健康成长成才。

（二）提升服务育人能力

新时代高校服务育人资源涵盖人力资源、财力资源、物力资源和信息资源等。其中，人力资源包括专任教师和各类保障性服务人员；财力资源包括国家财政性拨款、学费、捐赠和学校自营收入（科技成果转化收入、校办企业盈利等）；物力资源包括高校内的图书馆、教学楼、体育场馆、会堂等文化类场馆，食堂、复印、餐饮等营业性场所以及园林景观等设施；信息资源主要指服务师生教学、科研的各类数据库，比如在线课程、学习资源、图书论文资源和新媒体资源等。高校人、财、物和信息资源通过发挥服务育人功能，能够有效提高学生综合素质，更好地实现育人目标。

提升队伍及校外服务人员素质。发挥服务育人功能，实施教职工素质提升计划，融入学校育人大环境之中，在服务注重细节，发挥育人功能。高校要研究梳理各类服务岗位所承载的育人功能，强化育人要求。明确育人职能，在聘用、培训、考核等各环节制定育人工作职责要求。梳理各类服务岗位所承载的育人功能，把服务育人的要求纳入岗位聘任、在职提升和年度考核各环节，加强监督考核，落实服务目标责任制，把服务质量和育人效果作为评价服务岗位效能的依据和标准，将服务岗位育人功能发挥、学生满意度评价、育人成效作为教职工年度工作考核和绩效评价重要内容。完善以岗位绩效为核心的收入分配制度，建立以绩效为导向的绩效工资体系，坚持任务与投入相匹配、岗位与职责相一致，确定基本岗位任务，特别是梳理服务岗位育人元素，签订任务书，体现各岗位育人功能，将服务育人"软指标"转变为"硬约束"。选树一批服务育人先进典型模范。培育一批高校"服务育人示范岗"。积极选树服务育人的先进模范，将后勤保障、医疗卫生、安全保卫、信息服务、文明校园建设等工作中关心关爱服务学生的好老师好职工好团队挖掘出来，每年评选"服务育人标兵"，加大宣传表彰力度。进一步打造立德树人专题展览馆，不断地丰富和完善内容，多方位多形式展示"三全育人"综合改革成果和各个岗位育人先进典型的风采，感染和教育广大师生。

建设文献信息资源体系和服务体系。建设文献信息资源体系和服务体系，打造一站式信息服务平台，优化服务空间，注重用户体验，提高馆藏利用率和服务效率，采编高品质图书资源，注重图书及各类电子资源的政治性和思想性。开设精品学术讲座，提升校园文化品位。举办信息素养大赛，积极宣传和推广图书馆的资源和服务，提升师生的信息素养。开展信息素质教育，引导师生尊重和保护知识产权，维护信息安全。建设志愿者服务队伍，完善志愿者管理制度，开展阅读推广与社会服务，倡导奉献精神与志愿者精神，通过业务实践提升大学生的综合素质，践行服务育人。

开展公共卫生宣传教育。制定健康教育教学计划，开展传染病预防、安全应急与急救等专题健康教育活动，培养师生公共卫生意识和卫生行为习惯。加强人防物防技防建设。全面开展安全教育，提高安保效能，培养师生安全意识和法制观念。对师生员工进行法制、国家安全、维护社会政治稳定和治安保卫工作的宣传教育，增强师生员工的法制观念、政权意识和安全防范意识，预防和减少违法犯罪行为。做好动态信息工作，严防国内外敌对势力、非法宗教势力、民族分裂势力对高校的渗透、煽动和破坏活动，及时处置各种不安定事端和突发事件。

加强师生消防安全教育。依托学校传统媒介和网络新媒体，传播安全文化，普及安全知识，增强师生自防自救能力，每年在新生中开展消防知识讲座，进一步搞好消防安全演练工作，在广大师生中形成良好的消防安全意识，具备良好的安全防范技能。强化矛盾纠纷排查化解和安全隐患排查整改，减少涉稳安全事件和安全事故的发生，严厉打击涉校涉生违法犯罪活动，加强校园交通秩序管理，保障交通安全。

（三）凝聚服务育人合力

高校服务育人体系要充分解释"谁来育人、育什么人、如何育人"的问题，这些关键问题能够保障服务育人活动的内容、方式、方法与新时代高校人才培养目标有效衔接，对于提升高校服务育人质量意义重大。首先，高校服务育人体系中的人员与组织构成较为复杂，应明确高校、社会服务力量、高校学生为服务育人三大主体的角色定位。高校服务行为要充分兼顾学生德智体美劳的全面提升，发挥服务育人的主导性职能；社会服务力量要深化服务育人观念，将服务育人理念融入为学生提供衣食住行等优质生活服务的过程中，发挥服务育人的协同性职能；高校学生在接受政府、高校、社会提供的各类服务中，要充分发挥参与职能，既要时时、事事能够感受到被服务，又要深入其中，成为服务育人的重要参与者。其次，高质量服务育人体系要体现协同，高校、社会服务力量、高校学生等多元主体既相互独立又存在着竞争关系，各主体都拥有各自的价值追求，这就需要"效率协同"来实现多元主体之间的布局优化，在合理分工的基础之上，加强协作，打造行之有效的服务育人共同体，才能够更好地实现整体目标或利益最大化，使服务育人行为从无序走向有序，最终实现服务育人效能最优化。新时代党的教育方针的根本目标和方向指引是培养德智体美劳全面发展的社会主义建设者和接班人。在根本目标和方向指引的规制下，新时代高校高质量服务育人的过程应呈现结构化特征。功能体系凸显"立德"功能及"树人"功能；内容体系区分服务育人的显性内容（如劳动课程、勤工助学、志愿服务等）和隐性内容（如服务行为、环境的感化、熏陶等）；管理体系包含组织管理和队伍管理；途径体系强调对传统体系和创新体系的综合利用；文化体系旨在建立服务育人特有的有形及无形文化；互动体系立足于不同育人主体之间、要素之间的资源、信息与能量流动；评价体系针对服务育人主体功能的发挥和服务育人效果的检验两个方面；反馈体系注重收集教育对象（大学生）和用人单位对服务育人工作的反馈用以促进体系持续改进；保障体系则是从治理的角度为高质量服务育人工作提供制度保障和机制保障。

全力构建多要素互动的高质量育人生态。服务育人是一种系统性存在，既包括育人主体又包括育人环境，共同构成一个区别于教书育人、管理育人的教育场域，以生态观念不断优化这一场域是推进高质量服务育人工作的根本保障。如上所述，服务育人的主体与环境都非一元的，均呈现多元化特征，不同主体之间、环境要素之间、主体与环境之间存在着错综复杂的资源、信息与能量流动。这种流动本身正是基于服务育人的目标，使得不同要素之间形成了某种共同的契约关系，进而适当让渡各自利益，确保共同目标的实现和整体利益最大化。因此，高校高质量服务育人本质上是一个多要素互动的"活"系统，是一个具有生态属性的动态平衡系统，高校、社会服务力量、学生等人的要素与资源、政策、条件等环境要素相互耦合、相互影响，共同营造一个生态，保障各项服务育人活动的开展。在这个生态中，高质量服务育人理念得以贯彻、育人行动得以实现、育人效能得以激发，并不断促进其自我调节、自我完善、自我革新、自我发展。

（四）优化校园四大环境

优美的校园环境能够潜移默化地陶冶师生高尚的情操，能够帮助师生形成积极上进的健康情绪，进而转化成良好的校风。形成优美的校园四大环境，一是打造一个优美的校园自然环境。发挥环境育人功能，科学规划学校绿化建设，加强学校绿化管理，建设美丽校园，达到使用、审美、教育功能的和谐统一。校园绿树成荫，湖水涟涟，道路整洁，青草绿茵，百花芳香。二是打造一个整洁干净的学习环境。教学楼、图书馆、实验楼是学生学习的主场所，要高度重视这些区域的清洁卫生，为师生提供一个整洁干净的学习环境。整洁干净的环境让师生的教学、学习更加高效，同时也培养了学生热爱清洁卫生的良好习惯。三是打造一个温馨舒适的生活环境。时刻保持学生公寓清洁卫生的环境，同时对学生进行安全教育、生活关心、健康提醒等，进一步加强学生公寓文化建设。持续开展"节粮节水节电""节能宣传周"等教育活动，大力建设节约型校园和绿色校园。探索学生宿舍精细化、人性化管理，改善学生住宿条件，及时解决各类维修和报修问题。四是打造一个舒适美味的就餐环境。不断改善就餐环境，包括清洁卫生、就餐设施、员工服务态度。加强采购、加工、销售等各环节过程管理，严把食堂质量关，切实提高饭菜质量。加大调研，增加菜品数量，使南北风味均有丰富的菜品。在餐厅张贴宣传社会主义核心价值观和学校办学理念标语条幅，占领育人阵地，突出环境育人；在食堂设立失物招领台账，记录食堂员工归还学生们疏忽大意丢失的各种物品，按期公示，宣扬拾金不昧的传统美德；提倡"光盘行动"，保持勤俭节约的中华传统美德，倡导健康文明的生活方式；通过在食堂设立文明监督岗，引导、劝导同学们排队就餐，主动收拾餐盘，养成文明就餐好习惯。

（五）拓宽服务育人形式

1. 学校食堂开办大学生餐饮培训班

培训班围绕"服务育人"的工作理念，以增进同学们对后勤餐饮工作的了解，提高学生对校园餐饮文化的认识，提升同学们的动手能力和厨艺水平为目标。每期计划招收 100 名学生，利用课外活动、周末等时间，由学校食堂特级厨师教学生烹调技术，培训时间 1 个月，考核合格后由学校后勤部门发给证书，举办学生烹饪美食评选，向全校师生做汇报表演。一是培训内容丰富，贴近同学生活。可以将不同地域饮食文化与"厉行节约，反对浪费"等理念融入培训内容，在贴近学生生活的同时，也将文化融合与社会责任体现其中。二是培训形式灵活，重视实操技能训练。食堂师傅采取了模块式教学的方式，针对每个菜品先讲授理论及操作技术，再从选材、配料等方面进行菜品制作的操作演示，指导同学们进行实际操作练习。通过厨艺培训班的学习，使学生既学习到了烹饪技术，又提高了自己的动手能力，也加深了对后勤工作的理解。

2. 开展校园义务急救员培训课程

为保障师生生命安全，提高全校师生应急自救互助能力，有效将意外发生时伤害的程度降低，增强急救意识，增强遇到意外时的自救互救能力，达到师生"人人学急救、人人会急救、人人敢急救"的目的。以选修课形式，开设校园义务急救员培训课程，按 2 个学分，32 学时课时量，全校每个班级选派 2 名学生参加。培训内容有如何正确拨打急救电话、心肺复苏技术、创伤紧急救护等。

3. 开展园艺植物栽培劳动实践活动

开展园艺植物栽培劳动实践活动，聘请校内绿化养护专家在校内指定区域绿地教学生各类花草灌木种植技术，普及植物科学知识，传播生态环保理念，提升学生环保意识和科学素质水平。安排"移栽麦冬""阳台绿色蔬菜""无土栽培"等劳动实践活动，通过学习花卉、蔬菜栽培的基本知识，使学生掌握基本的种植技能，获得丰富的劳动生活经验，养成良好劳动习惯。通过学习体验先进种植模式，使学生了解开发高效、高附加值的农产品的意识，提升劳动技术实践能力。

第九节 资助育人

党的二十大报告提出："完善覆盖全学段学生资助体系。"① 高校学生资助政策是促进教育公平、保障民生的重要举措。自 2007 年国务院颁布《关于建立健全普通本科高校高等职业学校和中等职业学校家庭经济困难学生资助政策体系的意见》以来，我国已经建立起了"奖贷助勤补免+绿色通道"的多元混合资助体系。中国学生资助发展报告显示，2022 年政府、高校及社会设立的各项普通高等教育学生资助政策共资助全国普通高等教育学生 4588.24 万人次，资助资金 1675.59 亿元。② 这为保障学生顺利完成学业、促进学生发展提供了坚实的保障。《中共中央关于制定国民经济和社会发展第十四个五年规划和二〇三五年远景目标的建议》指出，全面贯彻党的教育方针，坚持立德树人，促进教育公平，完善教育保障机制。新时代要进一步做好高校学生资助工作，提升高校学生资助工作质量，关键在于要始终坚持育人导向，以社会主义核心价值观为引领，充分发挥高校学生资助政策的育人功能，提升资助育人成效。

---

① 习近平. 高举中国特色社会主义伟大旗帜 为全面建设社会主义现代化国家而团结奋斗：在中国共产党第二十次全国代表大会上的报告［N］. 人民日报，2022-10-26.

② 教育部全国学生资助管理中心. 2022 年中国学生资助发展报告［N］. 人民日报，2023-11-03（15）.

一、资助育人基本概念

资助育人是新时代高校学生资助政策实施的目标和要求。在执行高校学生资助政策过程中，应该达到教育人、塑造人的目标。资助只是一种手段，其最终目的是培养学生成长成才。

2017 年 12 月，中共教育部党组印发的《高校思想政治工作质量提升工程实施纲要》（下称《纲要》）将"资助育人"纳入十大育人体系，强调将育人作为资助工作的出发点和落脚点，把"扶困"与"扶智""扶困"与"扶志"相结合。①《纲要》明确提出在奖学金评选发放环节，培养学生的感恩意识；在国家助学金申请发放环节，培养学生爱党爱国爱社会主义意识；在国家助学贷款办理过程中，培养学生的诚信意识。《纲要》明确了我国高校学生资助工作的开展方向，为推进高校资助育人的高质量发展提供了思路。

高校资助育人是提升思想政治工作亲和力的有效途径。在资助政策的实施过程中，其核心是将资助主体和受助主体紧密联系起来，紧紧围绕学生，关注学生、服务学生，及时了解现实困境，掌握他们的思想动态，尊重他们的发展需求。在对家庭经济困难学生进行多元化资助的同时，将思想道德引领贯穿资助全过程，春风化雨、润物无声。既不受传统理论灌输的限

---

① 中共教育部党组. 关于印发高校思想政治工作质量提升工程实施纲要的通知：教党〔2017〕62 号［A/OL］. 中华人民共和国教育部网站，2017-12-04.

制，也不是脱离思想引领空谈的支持，整个过程实现了将家庭经济困难生的实际需求作为解决思想问题的出发点，将资助教育的目标和内容有机地融合并贯穿全过程。

二、资助育人的价值意义

（一）扶智育人的教育价值

引导奋斗方向。高校各项资助政策的评选制度为学生提供了行为方向。对那些家庭经济困难的学生而言，只有依据相关规定，遵循标准化的行为准则并脚踏实地、勇往直前地付出，才能获得这些资助机会。通过这种方式，学生会受到潜移默化的影响，并且在行动中强化正确的思想观念，从而逐步养成正确的奋斗态度，只有付出不懈的努力才能创造出人生的真正价值。

激发内在动力。在现实生活中，家庭经济困难的学生面对着诸多挑战和限制。然而，这些困难并不应该成为他们发展自己、实现个人价值的绊脚石。相反，这些挑战可以激发起他们内在的精神需求，促进个人成长。激发主体意识，将其转化为自身的精神需求，是促进个人发展、实现个人价值的必要途径。高校在资助过程中通过多种途径，如：榜样激励、情感激励、竞争激励来调动家庭经济困难学生的积极性，促使他们产生推动自身发展的强大精神动力。

提升幸福感受。个体的幸福感取决于他们的生活经历，家庭经济困难生由于长期以来获得的资源匮乏，发展受限，导致整体幸福感略低于他人。资助的方式及其导向，为家庭经济困难生提供促进自身发展的平台，以此丰富受助学生获取幸福感的途径，提升对幸福的感知力，这将有助于这些学生建立正确的幸福观，并对自己的认知产生积极影响。

（二）人文关怀的伦理价值

多年来，党和政府一直在改进资助政策，为经济困难学生提供入学保障、学业支持及其长期发展，体现了对他们的关爱，并为他们提供与其他人共同成长和成功的机会。这无形中能够激发受资助学生的爱国、爱党情怀，促使他们与党始终保持一致；坚定政治信仰，明确政治立场，忠于党的伟大事业，拥护和支持党的路线，将个人理想与国家理想相融合；在顺利完成学业，投身社会之际，也能激发出回报国家、传递帮扶精神等正能量。

（三）教育公平的社会价值

家庭经济困难学生作为特殊群体，他们在教育资源方面通常处于不利地位，因此需要努力创造平等的教育环境来为他们提供机会。应该根据差异原则，针对不同学生的特点进行帮助和支持。对家庭经济困难学生进行资助正是实现弱势补偿，促进社会公平正义的基本要求。

三、地方院校资助育人存在的问题

（一）资助认定边界模糊

我国高校已经建立起了包括"奖、助、贷、减、补、免"

在内的保障型资助体系，但资助认定的制度和实践层面还存在薄弱环节，主要表现在高校对困难学生的资助边界还不明晰。对家庭经济困难学生的认定主要依据的是《家庭经济困难认定申请表》、相关承诺及平时表现，再以此为依据，组织成立领导小组以及班级认定小组、年级和学校等评审小组，对申请资助的学生进行认定评审，并根据评审的结果，对获得资助的学生名单进行公示。但是在实际的评价中，由于家庭经济困难学生不了解资助政策、《家庭经济困难认定申请表》填写不准确不完善、申请资助"利益化"等原因，导致分学校对贫困学生的认定不够精准。例如，存在家庭经济困难学生由于缺乏自信和不理解资助的政策，"公开透明"个人家庭情况，甚至有当众进行自我陈述后评议认定情况，使得部分学生碍于情面或自卑心理不主动申报；或者因为人际关系等因素导致认定与实际困难情况不符；对《家庭经济困难认定申请表》审查工作的态度不够认真，影响了认定的效果；部分学生在申请资助时缺乏诚信意识，虚报了家庭经济状况，致使资助工作的"利益化"资助认定中，可能没有考虑到地域经济发展水平之间的差别，与各地区发展不平衡的基本国情不相适应，困难边界不易界定，容易导致应助未助现象发生。

（二）资助方式单一固化

保障型资助是主要的资助方式，这在很大程度上缓解了家庭经济困难学生的学习生活压力，但受到家庭经济条件限制和影响，经济困难学生在发展起点上与其他同学存在差距，进入大学后还会面临一系列有关成长、进步与能力提高的发展难题。部分高校为了按时按"量"完成资助任务，按照数据比例一刀切的方式将资助金额分配到院系和班级，资助工作成为数据任务，评定奖助学金的过程即被视为资助育人的过程；忽视了对受助学生情感以及价值观层面的教育和引导，也未能普遍将经济困难学生在校期间的其他薄弱点列为资助任务；多数高校的资助资金主要来源于财政拨款，社会资本和校友捐助在资助金额中占比较小，特别是经济欠发达地区地方院校的资助资金来源更为单一，一旦学校经济困难学生比例高于资金划拨比例时，将会影响高校资助工作的全覆盖。

（三）资助过程粗放弱化

资助过程同时也是育人过程，但在实际资助工作中，多以资助结果衡量资助成效，对高校资助过程重视不够。专职资助管理人员配备不足以及兼职资助人员的流动性大、政策熟悉度低等主客观原因导致目前高校普遍存在资助过程粗放的现实困境，从认定、管理、关怀、监测到思想引领等资助的过程性元素明显存在"简单化"和"弱化"趋向。在资助认定方面，困难评定依据主要是通过材料审查进行主观判断，认定过程简单、科学性不高；在资助管理方面，对经济困难大学生的思想引领关注不够，导致部分家庭经济困难学生思想不积极不主动，自我发展的内生动力不足；在资助关怀方面，主要还是召开资助慰问座谈会等形式化层面，针对性强、个性化、深层次的人文关怀较为缺乏；在资助措施方面，多采用一贯式资助帮扶措施，未能根据资助成效进行动态调整。

（四）资助监督评估淡化

监督和评估是优化资助工作的主要抓手，也是提升育人质量的重要保证。高校重视对资助结果的监督往往忽视了对资助过程的评估，淡化了资助台账跟踪在资助监督中的作用。目前，资助监督的对象主要是资助工作人员，对受助学生的监督仅体现在资助认定期间，没有将学生整个受助过程纳入监督体系。此外，资助工作评价体系主要是单向单主体的客观数据导向，即上级主管部门或学校资助管理部门依据资助制度建设、资助政策落实、资助宣传等具体数据对资助工作中资助款项的执行度、资助工作的覆盖面、资助政策的知晓率、资助违规的发生率等几个方面进行考核，没有凸显资助工作及资助专管教师在学生成长成才过程中的作用评价，没有将受助学生纳入评价主体参与对资助工作的满意度评价，也没有将受助学生的发展数据列入育人考核体系，未能形成完整的资助—评估—反馈—整改机制。

四、学生资助工作育人功能实施的有效途径

（一）加强顶层设计，推进育人制度建设

资助育人体系的构建是一项复杂的系统性工程，需要各级各类主体全程参与、精准施策、协同推进、统筹开展，其中制度建设是必要的保障和基石。要加强顶层设计，建立健全涵盖各类奖学金（研究生国家奖学金、研究生学业奖学金、单项奖

学金)、助学金、"三助一辅"、助学贷款、困难资助等为一体的研究生资助体系和涵盖奖助学金、国家助学贷款、勤工助学、临时困难补助、社会捐助、学费和贷款补偿等资助为一体的本科生家庭经济困难学生资助体系。在学校层面,加强和规范家庭经济困难学生认定工作,建立健全学校学生资助工作领导小组、学生资助管理机构、院(系)认定工作组、班级(或年级、专业)认定评议小组四级家庭经济困难学生资助认定工作机制。在资助主体方面,要从制度上匹配新形势下高等教育发展和大学生全面发展的时代要求,科学界定资助育人范围,贯通受助学生在大学期间学业、心理、文化、就业等各方面资助需求,推广发展型资助模式;要进一步强化资助进程中各个环节的制度建设,如精准化资助认定机制、1+X联系帮扶机制、资助过程动态预警机制、资助成效评价机制等,加强制度约束行为的推进力,强化各阶段任务执行力。在资助客体方面,高校要针对目前资助过程中易发生不公平现象的矛盾点,在充分调研的基础上制定相关规章制度保障受助客体权利、约束其相关负向行为,保证资助过程在客体层面的公平性和有序推进。比如,制定诚信申报制度、失信违纪处分规定、成长型量化评价体系,将制度有机融入学生成长成才和全面发展的全过程,根据资助内涵的新变化和新要求,完善学生手册中有关资助的相关条款和释义性说明。除此之外,还可以从德育视角制作与资助工作相关的标语、警示语,加强对资助客体的德性教育。学校要一体化设计资助育人体制机制,彰显新时代高校的法治思维和法治方式，为资助育人体系的构建和实践的有效性奠定坚实保障。

（二）搭建数据平台，创新精准育人模式

精准资助是高校资助工作发展的时代要求和必然趋势，要树立大数据思维，搭建资助育人的协同共享平台。在资助认定时要精准识别学生群体在物质、心理和情感方面的需求；资助过程中要合理地、个性化地、菜单式地对学生进行精准资助；资助完成后要对资助对象和资助管理者进行精准评估，及时发出预警，提升育人成效。通过人工评价、大数据分析、班级民主评议、谈心谈话、家访相结合的方式，准确识别家庭经济困难学生，建立家庭经济困难本科生和研究生数据库。定期对全校家庭经济困难学生进行动态管理，推动家庭经济困难学生资助工作精细化、个性化。利用现代技术手段构建精准资助工作体系。充分利用互联网、大数据等现代技术手段，完善家庭经济困难学生贫困认定、奖助学金申报、评审等资助网络管理系统的建设，开展学生一卡通大数据的分析、利用，构建智慧化的精准资助体系。通过对学生信息的甄别、筛选和系统抓取，准确采集所有学生家庭经济情况、在校日常消费情况、学业成绩、课堂考勤、实践素质拓展、心理健康状态等在校期间日常管理数据，再对数据进行综合分析，在大数据库中对经济困难学生以及在其他方面薄弱的学生进行精准定位和全方位画像。大数据要关联学生的电子档案，随着资助过程动态变化，实时更新数据信息。精准资助既要基于大数据支撑，同时也要做好

"人"的工作，要通过线下民主评议、个别访谈和实地走访等方式适时进行验证。资助过程要利用信息技术和大数据思维统筹做好"地域经济差异"和"资助标准统一"以及"公平公开透明"和"个人隐私保护"两个层面的矛盾。精准识别资助对象后，要根据其致困原因、困难类型和困难等级进行个性化精准帮扶。

坚持对家庭经济困难本科生和研究生开展心理疏导和重点帮扶，实施暖冬工程（暖心、暖身、暖行）和毕业生就业创业补助，采取心理普查、心理异常排查和建档、线上线下指导、家庭困难资助等多种措施，关心和帮助家庭经济困难学生克服心理问题。比如，对于家庭经济特殊困难或遭受临时重大变故的学生在经济资助的同时要做好心理疏导和职业规划等方面的指导；对于学业绩点较弱的经济困难学生要加强对其学业指导和就业帮扶；对于违反纪律和规定的经济困难学生要强化对其道德浸润和思想教育引领；对于性格内向，有交际障碍的困难学生要给予心理和人际交往等方面的指导和帮扶。为达到资助成效精准，还需要对资助效果进行考核和评估，谨防发生资助偏差和假性资助现象。

（三）强化队伍建设，提升工作职业化水平

打造一支素质优良、专业性强和稳定的资助队伍是做好资助工作的基本保证，上级主管部门和高校要把资助队伍建设作为教师队伍和管理队伍建设的重要内容，要与资助体系相适应，同步配套引进相关领域专门人才充实到资助队伍中，整体规划，统筹安排，制定相关政策保障队伍的专业化、职业化发展通道。高校可按照资助体系的分类确定专业属性，通过公开招考、校内遴选等途径按照一定师生比逐步配齐；要设置资助岗位的相关职业素养和基本条件，划定岗位红线，确保队伍的纯洁性，为保证资助工作公平公正做好人员准备；要按照上级文件并结合学校实际打通资助专管教师的岗位聘用、职务晋升、职称评审通道，解决资助专管教师的发展瓶颈；要通过"走出去"、"引进来"、举办培训班、专题讲座等形式加强资助工作从业人员培训，不断加强新形势下的实践工作能力和管理水平；要坚持专兼结合、以专为主的原则配备学校和各二级学院资助专管教师队伍，实施校级专职资助专管+院级辅导员辅助+其他岗位教师配合的高校专兼职资助队伍体系；要一体化扩充资助专管教师的职业范围和专业领域，将心理咨询、思政教育、就业指导、职业规划等纳入高校资助专管教师范围，保证贯通式资助的顺利开展；要重视理论研究在推动实践工作中的积极作用，通过设置专项经费、专项课题引导高校资助工作者根据时代变化和实践发展，不断总结经验，实现理论创新和实践创新的良性发展，聚焦学生资助工作中遇到的实际问题开展理论研究，推动资助实践工作创新发展。除了加强队伍建设这个"软件"之外，还要加大资金投入保障和改善资助办公场地、办公设备，完善资助场景化设施建设，为资助队伍专业化职业化建设做好硬件保障。

（四）拓宽教育内涵，构建全方位教育格局

资助工作具有育人功能在于它除了解决学生经济困难以外，也能解决学生在成长成人过程中的思想和能力问题，这就决定了高校资助工作的核心是"人"，方法为"资"，根本在"育"。资助育人不是一项简单的经济资助或帮扶，要拓宽教育内涵，将价值引领、法规教育、道德浸润、行为规范等思想问题纳入资助教育体系。

教育是个系统性工程，要全方位谋划专项教育活动，并将其融入资助工作的全过程。在评选环节，开展诚信教育和国家助学贷款申请培训会，加强励志教育、诚信教育和社会责任感教育，培养受助本科生和研究生自立自强、诚实守信、知恩感恩、勇于担当的良好品质，汇编典型事例教育学生懂得感恩，勇于承担社会责任和社会义务，以积极、务实的行动回报国家，回报社会。在资助认定时，要强化学生对校纪校规的学习，筑牢诚信意识教育，引导他们在困难申请时能够秉持纪律意识、践行诚信理念，为资助认定工作的公平性奠定基础。

在资助过程中，不仅需要"输血"，更要注重"造血"，将"扶贫"与"扶志""扶智"结合起来，教育引导学生努力学习并积极参加实践活动，增长才干，同时还要树立自强意识，培养他们坚定、自力更生、艰苦奋斗的优良品质。一是挖掘和树立自立自强的先进典型。发挥助学金的激励作用，通过勤工助学先进评选、"自强之星"评选等活动，树立一批励志成才、自立自强的先进典型，大力传播励志成才正能量。二是开展诚信主题教育月系列活动。在全校范围内组织以"诚信贷款，诚信做人"为主题的诚信教育月活动，通过政策宣讲、组织学习征信案例、观看专题教育片、举办诚信漫画、举办诚信宣传画征集大赛、开展诚信签名等方式，深入解读助学贷款相关政策等，努力将诚信教育贯穿于大学生的学习、生活当中。三是组织"金融知识校园行"教育主题活动。以国家助学贷款办理为依托，培养学生的法律意识、风险防范意识和契约精神。邀请专家开展金融知识讲座、金融知识展览、征信知识问答等系列教育活动，帮助学生增强金融、网络安全防范意识，降低金融诈骗风险。不断强化受助学生的诚信意识和法律意识，倡导诚实守信的道德风尚。四是做好大学生勤工助学工作的规划引领。统筹和规范勤工助学岗位，强化"三助一辅"等岗位的育人作用。建立健全勤工助学岗位发布的网站、新媒体载体等平台，通过勤工助学活动的开展，鼓励大学生通过劳动有尊严地获取报酬，培养学生自强不息、创新创业的进取精神。开展创新创业讲座、创新创业项目研究等活动，挖掘受助学生潜力，鼓励个性发展和独立思考，鼓励自由探索和勇于创新，激发学生的求知欲和创造力。五是引导培育学生树立正确的成才观和就业观。引导学生志愿从事选调生、基层项目等，提供培训、实践等服务，提升其政治素质、服务意识、业务能力、工作技巧，为其后续发展奠定基础。

要把育人工作贯穿到奖助学金评定的全过程，结合校园文化建设、党团班级建设、社会实践等活动，构建开学典礼、毕业典礼、资助颁奖晚会的典礼育人体系，开展标兵评选和先进典型选树活动，在第二课堂教育教学环节，组织获得者担任"学生资助宣传大使"，举办获得者"梦想与责任"主题宣讲活动等，以"助学·筑梦·铸人"等主题宣传活动为抓手，举办图片展、知识竞赛、征文、演讲、诚信之星等形式多样、生动活泼、寓教于乐的活动，解决资助育人过程中的思想问题。通过抓好日常感恩教育、营造校园感恩氛围、借助新媒体资源打造一系列感恩实践活动，让受助学生感受到国家、社会、学校给予他们的关怀和温暖，激发他们的社会责任感和公德心。

（五）凝聚育人合力，树立立体化育人思维

资助育人体系的顺利推进离不开国家、学校、社会和学生等各方力量汇集形成的立体化育人合力。培育建设一批"发展型资助的育人示范项目"，推选展示资助育人优秀案例和先进人物。高校要积极发挥"三个课堂"育人载体的协同作用，充分利用第一课堂的育人主渠道，在理论课程中挖掘育人元素，从理论层面将学生资助工作与思想政治教育有机融合，帮助学生自觉提升自立自强意识，树立社会责任意识；要充分利用校园文化建设的优秀成果对学生进行文化浸润，同时要创新文化载体，深化校园文化建设成果在资助育人中的保障作用，促进第一课堂课程载体和第二课堂文化载体有机结合，引导学生树立诚实信用、勇于担当、自强不息的良好品质；要合理利用网络这个第三课堂，通过网络平台即时了解受助学生的日常情况和思想动态，通过网络社区不断推进和拓展资助工作的辐射力和影响力,形成"第一课堂主导+第二课堂浸润+第三课堂辐射"的高校"三大课堂"育合力。社会力量是高校资助育人体系中的重要一员,高校一方面要挖掘并发挥优秀校友资源在榜样选树、捐资助学等方面的积极作用,一方面要主动对接地方教育、财政等相关部门和企业,建立健全信息沟通机制,加强校地合作、校企合作,积极引进多元化社会力量形成高校资助育人的社会合力。学生自助是资助体系中的关键一环,要充分发挥受助学生的主观能动性,积极挖掘和培养困难学生的内生动力,通过校园资助项目认领、自助式勤工俭学、实践成长平台等多种形式补足受助精神之钙,增强自助信心,形成受助—自助—助人的良性育人循环;要重视朋辈领航作用,注重励志典型的挖掘和培育,让学生们在切身体验中感受到榜样的力量,形成以"榜样之星"评选和"自强之星"评选为代表的学生典型选树机制,并通过励志、感恩、诚信等主题教育,大力宣传励志典型,定期开展主题报告会,在校园内形成巨大的"能量场",影响和带动学生励志成才。

（六）完善评价标准，形成综合性评价体系

完善资助评价标准有利于及时发现、反馈和解决资助过程中存在的问题,便于及时整改,增强育人实效性。在对资助工作进行综合评价之前要厘清资助工作的内涵和外延,分析静态和动态要素之间的关联,确保评价标准全面、科学。目前,高校资助工作的评价对象主要是高校资助工作机构和专兼职资助工作人员,多采用单向性静态标准,这与新形势下资助育人体系的时代要求不相适应。资助育人体系的评价对象应该包括三个层面，一是对资助工作机构的评价，要侧重对其在制度建设、人员配备、队伍建设、经费使用、日常管理等方面进行考核，可采取静态化考核方式进行；二是对专兼职资助工作人员的考核，要侧重在职业道德评价、岗位履职情况、工作绩效等方面进行定性和定量结合的考核评价方式；三是对资助成效的量化考核，这是资助育人评价体系的要核，要强化"育人"导向，考核标准要以客观数据评定和主观评价两部分构成，其中主观评价体系要以受助学生为主体，以受助学生一个周期内的全面发展指数和对资助工作的满意度为评价标准，以自评和他评相结合的评价方式、定性和定量相结合的评价方法，充分发挥其对资助育人的导向作用。评价标准要坚持静态和动态结合、过程性考核和结果性评价相结合的基本原则；为保证主观测评的客观性，用电子匿名问卷或匿名访谈的形式收集数据，再通过量化分析和数据之间的关联性进行梳理，有效避免由于人的主观性造成的评价误差；要将对受助学生的评价纳入资助育人评价体系中，坚持过程性评价和结果性评定相结合，既要通过量化指标对学生在受助后的发展指数进行评定，也要通过座谈会、走访调查等形式对学生在受助后的价值观养成、品德品行、行为规范等进行了解和评判，及时掌握资助工作的不足以及需要进一步提升的方向，要通过客观评判动态调整现行的资助方式和资助内容，加强资助育人的针对性。

第十节　组织育人

2017 年，《高校思想政治工作质量提升工程实施纲要》提出，要在普通高校开展十大育人体系建设，组织育人作为高校思想政治教育的重要载体，是新时代高校十大育人体系的重要组成部分，发挥着"党建+思政教育"的组织优势。当前，中国特色社会主义进入新时代，面对新形势新挑战，高校思想政治教育工作肩负着新要求新使命，需要展现新担当新作为。党的二十大报告中明确指出："教育是国之大计、党之大计。培养什么人、怎样培养人、为谁培养人是教育的根本问题。""坚持为党育人、为国育才，全面提高人才自主培养质量，着力造就拔尖创新人才，聚天下英才而用之。"① 如何使组织育人的理念转化为具体行为，培养造就大批德才兼备的高素质人才，切实提升组织育人功能，是新时代高校思想政治工作面临的新挑战。因此，要把组织建设与教育引领结合起来，强化高校各类组织的育人职责，增强工作活力、促进工作创新、扩大工作覆盖、提高辐射能力，培养德智体美劳全面发展的社会主义建设者和接班人是高校教育工作的重要使命。

---

① 习近平. 高举中国特色社会主义伟大旗帜 为全面建设社会主义现代化国家而团结奋斗：在中国共产党第二十次全国代表大会上的报告［N］. 人民日报，2022-10-26.

一、高校组织育人概述

（一）组织育人的发展概况

2017年2月，中共中央、国务院印发文件《关于加强和改进新形势下高校思想政治工作的意见》，指出加强和改进高校思想政治工作的基本原则之一是坚持全员全过程全方位育人。把思想价值引领贯穿教育教学全过程和各环节，形成教书育人、科研育人、实践育人、管理育人、服务育人、文化育人、组织育人长效机制。[①] 其中首次提出"组织育人"新理念，但学界对高校组织建设和组织育人的研究却早已开始。我国组织育人发展大致分为3个阶段，分别是：社会主义革命和建设时期、改革开放新时期和中国特色社会主义新时代时期。

1961年9月，经中共中央批准试行的《中华人民共和国教育部直属高等学校暂行工作条例（草案）》中，明确了在当前的高等学校工作中，应着重解决的主要问题之一是如何加强思想政治工作，为了加强思想政治工作，要从专职的党政干部、政治理论课教师和其他青年教师中挑选有一定政治工作经验的人担任低年级学生的政治辅导员或者班主任，同时，要逐步培养和配备一批专职的政治辅导员。[②]

---

① 中共中央国务院印发《关于加强和改进新形势下高校思想政治工作的意见》[N]. 人民日报，2017-02-28.
② 中共中央组织部，中共中央党史研究室，中央档案馆. 中国共产党组织史资料：第9卷 [M]. 北京：中共党史出版社，2000：777-778.

1980年4月，教育部、共青团中央联合印发《关于加强高等学校学生思想政治工作的意见》，指出学校党委要加强对学生思想政治工作的领导，把它列入党委的重要议事日程，要设立学生思想政治工作的机构，把行政、共青团、学生会、工会、教师各方面的力量统一组织起来，共同做好工作。此后，在国家系列文件部署下，高校逐步建立起发挥育人功能的专门机构，组织育人体系架构逐步完善。

2004年8月，中共中央、国务院制定并下发了《关于进一步加强和改进大学生思想政治教育的意见》强调，要充分发挥党团组织在大学生思想政治教育中的重要作用，既要充分发挥党的政治优势和组织优势，做好重视学生党员培育和基层党组织建设工作，又要充分发挥共青团在教育、团结和联系大学生方面的优势，把广大学生紧密团结在党的周围，在大学生思想政治教育中更好地发挥桥梁和纽带作用。此文件高度肯定了党团组织在育人育才方面发挥的重要作用，进一步细化了高校组织育人方式。①

2017年2月，中共中央、国务院印发《关于加强和改进新形势下高校思想政治工作的意见》，将组织育人纳入"七大"育人体系之中，同年12月，教育部印发《高校思想政治工作质量提升工程实施纲要》，提出构建十大育人体系的工作任务。2018年9月，习近平总书记在全国教育大会上指出，"加强党

---

① 中共中央国务院发出《关于进一步加强和改进大学生思想政治教育的意见》［A/OL］.中华人民共和国教育部网站，2004-10-15.

对教育工作的全面领导，是办好教育的根本保证。""各级各类学校党组织要把抓好学校党建工作作为办学治校的基本功，把党的教育方针全面贯彻到学校工作各方面。""要精心培养和组织一支会做思想政治工作的政工队伍，把思想政治工作做在日常、做到个人。"① 青年强，则国家强，用党的科学理论武装青年，用党的初心使命感召青年，才能使青年大学生面对日益复杂的国际、国内形势时站稳政治立场，保持政治定力，把准政治方向，不断增强政治判断力、政治领悟力和政治执行力。2021 年 7 月，在中国共产党成立 100 周年之际，中共中央、国务院印发《关于新时代加强和改进思想政治工作的意见》，强调要从"完善领导体制和工作机制、配齐配强思想政治工作队伍、建立科学有效的考核评价体系"等方面构建共同推进思想政治工作的大格局，进一步表明，面对世界百年未有之大变局，我国高校必须以培养社会主义建设者和接班人作为教育的根本任务，强化组织建设，构建和完善组织育人的长效机制，培养一代又一代拥护中国共产党领导和我国社会主义制度、立志为中国特色社会主义事业奋斗终身的有用人才。

（二）组织育人的内涵

2017 年 12 月，教育部印发《高校思想政治工作质量提升工程实施纲要》，对"组织育人"的基本任务、主要内容、实施保障等做了规定，明确高校各类组织均承担着育人职责。就

---

① 习近平：出席全国教育大会并发表讲话 [EB/OL]. 新华社，2018-9-10.

组织属性进行区别,包括党组织育人、群团组织育人和其他组织育人。简而言之,组织育人是指,在党组织的统领下,群团组织及各类其他组织协同贯通,形成育人合力,把思想政治教育贯穿各项工作和活动,对新时代大学生进行思想素养和实践能力相结合的全面教育。

(三)组织育人的类别

我国的高校是社会主义高校,以立德树人为办学治校的本质要求与价值诉求。高校中的各类、各层级组织,例如:党组织、共青团组织、工会组织、各类学生社团组织、学术科研组织、校友组织等均是高校开展思想政治工作的重要载体。各级各类组织相互协同,才能促进育人功能的有效发挥。结合本研究对象实际,本篇将组织育人类别分为党组织育人、群团组织育人和其他组织育人。

1. 党组织育人

党组织是指中国共产党组织,中国共产党组织有中央、地方以及基层三级组织机构。根据《中国共产党章程》,高校党组织属于党的基层组织,《中国共产党章程》指出,党的基层组织是党在社会基层组织中的战斗堡垒,是党的全部工作和战斗力的基础,作为党在高校全部工作和战斗力的基础,高校基层党组织担负着落实立德树人根本任务,落实党的教育方针政策,落实全面从严治党,坚持社会主义办学方向的重要使命,是培养担当民族复兴大任的时代新人、培养中国特色社会主义建设者和接班人的根本保障。在组织育人工作中,发挥着重要的组织保障作用。高校党组织按照层级可划分为学校党委、二级学院（系）党委（党总支）、教师及学生党支部。

学校党委承担管党治党、办学治校主体责任，在育人工作中把方向、管大局、作决策、抓班子、带队伍、保落实，起到总揽全局、协调各方力量的领导核心作用。主要职责包括：一是宣传和执行党的路线方针政策，宣传和执行党中央以及上级党组织和本组织的决议，坚持社会主义办学方向，依法治校，培养德智体美劳全面发展的社会主义建设者和接班人。二是坚持马克思主义指导地位，组织党员认真学习马克思列宁主义、毛泽东思想、邓小平理论、"三个代表"重要思想、科学发展观、习近平新时代中国特色社会主义思想，学习党的路线方针政策和决议，学习党的基本知识，学习业务知识和科学、历史、文化、法律等各方面知识。三是按照党要管党、全面从严治党要求，加强学校党组织建设，落实基层党建工作责任制，加强对院（系）等基层党组织的领导，做好发展党员和党员教育、管理、服务工作，发展党内基层民主，充分发挥基层党组织的战斗堡垒作用和党员的先锋模范作用。四是领导学校思想政治工作和德育工作，落实立德树人根本任务，为党育人，为国育才，构建学校大思政工作体系，健全"三全育人"工作机制。落实意识形态工作责任制，加强对学校外事等工作的领导。维护学校安全稳定，促进和谐校园建设。五是加强大学文化建设，弘扬社会主义核心价值观，实施文化兴校战略，发挥文化育人作用，培育良好校风学风教风。六是领导学校工会、共青团、学生会等群团组织、学术组织和教职工代表大会。

二级学院（系）党委（党总支）强化政治功能，履行政治责任，保证教学科研管理等各项任务完成，支持本单位行政领导班子和负责人开展工作，健全集体领导、党政分工合作、协调运行的工作机制。主要职责包括：一是宣传和执行党的路线方针政策以及上级党组织的决议，并为其贯彻落实发挥保证监督作用。在教学科研管理等重大事项中发挥政治把关作用，把握好政治原则、政治立场、政治方向，及时向党支部和党员通报传达上级文件和会议精神。二是加强党委（总支）自身建设，建立健全党支部书记工作例会等制度，具体指导党支部开展工作。严格"三会一课"、主题党日、谈心谈话、民主评议党员、民主生活会和组织生活会制度等，不断增强党内生活的政治性、时代性、原则性和战斗性。加强基层党务工作者队伍建设，选好配强党支部书记，加强对党务工作干部的培训和指导。三是领导本单位思想政治工作，加强师德师风建设，落实意识形态工作责任制。把好教师引进、课程建设、教材选用、学术活动、外事活动等重要工作的政治关。加强教职工思想政治工作，抓好师德师风建设，引导教职工做到教书育人、管理育人、服务育人，落实立德树人根本任务，加强学生思想政治教育，做好学生教育管理，引导学生全面发展、成长成才。加强本单位文化建设，营造积极进取和谐的文化氛围。贯彻落实意识形态工作责任制，把意识形态工作贯穿于推进教学、科研、管理、服务的全过程，加强对课堂教学、报告会、研讨会、讲座、论坛和网站等思想文化阵地的管理。做好安全稳定工作，维护校园和谐。四是做好本单位党员的教育考核管理工作。建立健全党内激励、关怀、帮扶和联系服务群众的长效机制；加强党员教育、管理和监督，引导党员发挥先锋模范作用；加强对入党积极分子的教育、培养、考察，有计划、有重点地做好发展党员工作，稳妥有序开展不合格党员处置工作。五是领导本单位群团组织、学术组织和教职工代表大会。充分发挥本单位分工会、教代会在团结教育教职工、参与民主管理和为教职工服务等方面的作用。积极支持学生群团组织结合青年学生特点开展工作。支持本单位教授委员会、学术分委员会、学位分委员会等学术组织加强自身建设、充分发挥作用。实行党务公开，畅通师生参与本单位民主管理和监督的渠道。

教职工党支部围绕本单位改革发展稳定等开展工作，落实立德树人根本任务，发挥教育管理监督党员和组织宣传凝聚服务师生员工的作用。主要职责包括：一是宣传和执行党的路线方针政策以及上级党组织的决议，团结师生员工，在完成教学科研管理任务中发挥党员先锋模范作用。二是做好党员教育、管理、监督、考核和服务工作，突出政治教育，提高党员素质，坚定理想信念，增强党性，定期召开组织生活会，开展批评和自我批评，维护和执行党的纪律，监督党员切实履行义务，保障党员的权利不受侵犯，关怀帮扶生活困难党员和老党员。依规稳妥处置不合格党员。三是培养教育入党积极分子，做好发展党员工作。把政治标准放在首位，严格程序、严肃纪律，加强在高层次、高知群体的党员发展工作，发展政治品质纯洁的党员；发现、培养和推荐党员、群众中间的优秀人才。四是加强师德师风建设，有针对性地做好思想政治工作。引导教职工做到教书育人、管理育人、服务育人，抓好师德师风建设，加强学生思想政治教育，引导学生全面发展、成长成才，落实立德树人根本任务。五是密切联系师生，经常听取师生员工意见和诉求，维护师生员工正当权益。向师生宣传党的政策，经常了解师生对党员、党的工作的批评和意见，了解师生诉求，维护师生的正当权益，做好师生的思想政治工作，凝聚广大师生的智慧和力量。

学生党支部加强思想政治引领，筑牢学生理想信念根基，引导学生刻苦学习、全面发展、健康成长。主要职责包括：一是宣传和执行党的路线方针政策以及上级党组织的决议。二是加强对学生党员的教育、管理、监督、考核和服务，定期召开组织生活会，开展批评和自我批评。发挥学生党员先锋模范作用，影响、带动广大学生明确学习目的，完成学习任务，创建良好学风。依规稳妥处置不合格党员。三是组织学生党员参与学生事务管理，维护学校稳定。支持、指导和帮助团支部、班委会以及学生社团根据学生特点开展工作，充分发挥保留团籍的学生党员的带动作用。四是培养教育学生中的入党积极分子，按照标准和程序发展学生党员。严格发展程序和纪律，对入党积极分子的确定和培养教育、发展对象的确定和培养考察、预备党员的接收、教育、考察和转正等每一个环节都严格把关。加强在优秀学生中发展党员的工作，不断提高发展党员的质量。五是根据学生特点，有针对性地做好思想政治教育工作。发挥课堂教学主渠道作用，把习近平新时代中国特色社会主义思想有机融入思政课和专业课教学中，加强思政课改革创新，创新思想政治教育内容和载体，增强思想政治工作的针对性和实效性。

2. 群团组织育人

高校与师生关系最为密切的育人群团组织是工会组织和共青团组织。《中共中央关于加强和改进党的群团工作的意见》指出：群团事业是党的事业的重要组成部分，党的群团工作是党治国理政的一项经常性、基础性工作，是党组织动员广大人民群众为完成党的中心任务而奋斗的重要法宝。

《中国工会章程》规定，中国工会是中国共产党领导的职工自愿结合的工人阶级群众组织，维护职工权益、积极投身建设、参与民主管理、教育提升职工是工会的四项主要社会职能。《中华全国总工会关于新形势下加强基层工会建设的意见》指出，基层工会直接联系和服务职工群众，是工会全部工作的基础，是落实工会各项工作的组织者、推动者和实践者，高校工会作为高校党组织联系教职工的桥梁和纽带，是高校内部最大的教师社群组织之一，一般依托校工会和院系分工会两级基层工会组织开展工会工作，肩负着维护教职工合法权益，组织动员教职工围绕立德树人根本任务奋发努力的职责，通过为教职工提供丰富的精神文化生活激发全体教职工育人的主体意识。

中国共产主义青年团是中国共产党领导的先进青年的群团组织，是广大青年在实践中学习中国特色社会主义和共产主义的学校，是中国共产党的助手和后备军。高校学生大多数为团员，因此，高校共青团在联系党和青年学生中发挥着重要的纽带作用。根据《中国共产主义青年团章程》，中国共产主义青年团加强思想政治工作，把思想政治工作贯穿所开展的全部工作，对团员必须进行中国特色社会主义共同理想和共产主义远大理想教育，努力帮助青年学习现代科学文化知识，吸收和借鉴人类社会创造的一切文明成果，抵御资本主义和封建主义腐朽思想的侵蚀，不断提高青年的思想道德素质和科学文化素质。高校共青团一般依托学校团委和院系团总支开展学生思想政治教育工作，利用"第二课堂"等形式，通过组织开展"三下乡"等丰富多彩的学生活动，引导青年学生坚定正确的政治方向，强化青年学生服务意识，提升服务能力，挖掘服务资源，千方百计为青年排忧解难，更多关心帮助困难青少年，维护青少年合法权益，使团组织成为广大青年遇到困难时想得起、找得到、靠得住的力量，使更多优秀青年学生成长为听党话、跟党走的时代新人。

3. 其他组织育人

除了党组织、群团组织之外，高校还存在一些不同主体构成的其他组织，同样发挥着育人功能，以实现全员、全过程、全方位育人。比如以学生会、研究生会、学生班级组织、学生社团和学生青年志愿者组织等为主的学生组织，学生组织受到党组织、群团组织的领导和指导，由学生群体承担各项职务，分担各项职责，在组织中既有领导与被领导的关系又有同学之间的情感关系；学生在管理学生组织时也为自身的发展做实践积累，这对于促进学生全面发展起到积极作用。

以专业教研室、学术委员会、职称评定委员会、专业协会等为主的教学科研组织，教学科研组织主要由从事教学管理服务和从事科研管理服务的教职工组成，具有较强的专业性和学术性，他们从事教学和科学研究，在教书育人、科研育人、服务社会、传播文化等方面发挥着重要的作用，承担着为高校、国家和社会培养高素质专业人才、为学科建设发展引智的功能，在高校中处于主导地位。教学科研组织的育人作用体现在教学科研过程中对大学生进行思想政治教育，在提高大学生科学研究能力的同时提高其思想政治水平和道德觉悟，使其加强品德修养、提高政治觉悟、增强家国情怀、坚定政治信念。

以校友会、校友成立的各种教育基金会、行业协会等为主的校友组织，校友组织大多是根据地域或者行业成立的，是校友与校友、校友与学校之间沟通联系的重要纽带，校友组织在为高校学生提供实践和就业机会方面发挥重要的作用，还有一部分校友为了回馈母校、帮助师生，在母校设立基金会、奖助学金，为家庭经济困难、品学兼优的在校学生提供经济帮助，以鼓励他们坚定理想信念，自尊自信，奋发图强。

二、地方本科高校组织育人工作的不足

通过对高校组织育人现有研究进行梳理,尽管组织育人的实施实现了对现有育人资源、载体和平台的有效整合,但地方本科高校在具体实践中,依然存在理论学习的深度、广度不够,实践开展的实效性不强等问题。主要表现在以下各方面。

(一)理论研究不够扎实,育人实践理论指导不够全面

自 2017 年 12 月,《高校思想政治工作质量提升工程实施纲要》明确提出构建十大育人体系的要求,并对提升组织育人效果提出了具体要求,学界即陆续开展对于组织育人的理论和实践研究,但目前关于高校组织育人的研究尚存在需要改进的地方,通过"中国知网"以"组织育人"为关键词进行检索,研究主要集中在:一是对高校组织育人内涵、功能等方面的研究;二是对高校党组织育人的研究;三是对社团、工会等其他组织育人的研究;四是对高校组织育人协同体系构建路径的研究。以上研究多以案例形式呈现,突出在某高校组织育人工作取得的成效,研究者多数为学生教育工作者或高校党务工作者。从研究群体看,专门从事思想政治教育理论和组织育人理论研究的研究者并没有成为主流研究群体,由此导致学界致力于组织育人理论研究的文献偏少,在组织育人工作实际开展中系统性、科学性的理论指导不足。另外,高校各级组织中的教育工作者由于业务工作繁忙,对已有组织育人理论的学习时间难以保证、自主学习能力有待进一步增强,导致对已有理论学

习不够扎实，运用不够灵活，思想引领不充分，理论指导实践效果不佳。

（二）各类组织政治功能发挥不充分，育人工作实效不佳

高校各级各类组织作为开展思想政治教育和育人工作的重要力量，在育人过程中起到重要的政治引领作用，各级各类党组织在发挥组织政治引领作用方面起核心作用，各级各类群团组织起到补充作用。党团组织通过谈心谈话等方式，了解青年学生的思想情况，及时开展教育引导。但一方面，由于党团组织对思想政治教育系统规划不足，对组织育人的职责划分不够清晰，组织育人目标不够明确等，呈现出组织、育人"两张皮"现象，使得育人活动缺乏足够的吸引力和号召力，难以对师生产生覆盖面广的深入影响。另一方面，我国的高校是党领导下的高校，高校的育人工作在党委领导下，由院系党委（总支）、党支部、党小组等具体落实，各级基层党组织在执行过程中由于党组织负责人工作能力存在差异、对政策文件理解存在差异、工作责任心和工作主动性存在差异等原因造成育人措施落实不到位、育人效果不佳等情况。

（三）组织育人机制不健全，工作推进力度不足

组织育人机制不健全主要表现为：一是组织育人协调机制不健全，从组织育人主体的分类来看，高校各级党组织、群团组织及其他组织均肩负着育人职责，各类组织间相互协调配合，才能呈现出"1+1>2"的育人效果。但目前，高校各类组织的育人功能并没有得到充分整合，导致育人实效不足。二是

组织育人保障机制不健全，组织功能的充分发挥离不开人、财、物的有力支持，由于组织育人成效并不能在短期内得到充分体现，高校在人力配备、经费支持、物力投放等方面存在短缺问题，使得组织育人的作用受到削弱。三是评价反馈机制不健全，一个学校组织育人工作开展效果如何，最直接的来源是师生的评价，但是，当前国家、地方政府和高校没有建立系统完善的组织育人评价指标和机制，组织育人的效果得不到合理的评价，由此导致组织育人工作缺乏针对性。四是监督考核机制不健全，一方面，组织育人工作考核指标体系有待持续完善；另一方面，虽然近年来各高校在组织育人方面进行了一些创造性的工作，为组织育人添加了活力，但是由于相应的考核评价机制尚不健全，致使创新性工作措施尚未形成长效机制。

（四）组织育人方式单一，育人协同效应尚未形成

近年来，各国文化通过网络等方式越来越多地呈现在世界人民面前，多元文化潮流不可阻挡，青年学生对丰富文化生活的需求也越发高涨，育人内容和形式也需更加多元化。从育人主体来看，党组织进行育人工作时，对于育人内容的讲解传授多以传统的思政课堂为主要阵地，党组织育人思想解读教育多通过传统的理论讲解为主，对于活动、实践等其他相关教育形式较少采用。有一项关于高校共青团组织建设的调研显示，学生在回答"我校/院常年是否有品牌化的活动/项目""团组织会主动了解学生诉求"等问题上得分较低，表明群团组织在育人工作开展的精准化、个性化方面还需下功夫。从育人主体来

源上来看，高校主要以校内教职工为主体对学生开展育人工作，从校外挖掘资源，对学生开展育人工作较少。从育人资源上来看，高校主要以思想政治教育教材为主开展育人工作，联合校外红色资源，通过社会实践类的方式开展育人工作较少。

三、地方高校组织育人工作的实施路径

（一）加强政治引领，严格责任落实

聚焦新时代人才培养的新要求，全面贯彻党的教育方针，强化组织领导，确保领导班子在组织育人工作推进中保持高度契合，带动广大教师自觉增强立德树人、教书育人的荣誉感和责任感。以"思想引领"为目的，构建学校党委为领导核心、院系党组织为政治引领、学生党支部为战斗堡垒的三级组织架构，层层压实党的核心领导作用，落实各级党组织主体责任制，始终把培养新时代中国特色社会主义可靠建设者和合格接班人作为育人目标。同时，充分发挥"党建带团建""党员助班"的优势，将党的创新理论成果、党的组织建设和思想建设成果层层传递到团组织、共青团员及学生群众中，不断提高青年学生政治站位。

（二）加强组织协调，增强育人实效

高校各种组织资源丰富，系统有序规范的组织章程和协同制度是实现党组织引领各类组织开展育人工作的重要组织保障。各类组织及其相互之间要建立健全相关制度，以便组织内部、组织与组织之间能够相互配合，通过整合和配置各类组织

资源，争取实现校内外各类资源的最佳整合，形成育人合力。高校党委和各级党组织通过教职工理论学习、思想政治课、组织生活等方式对全校教职员工及学生进行教育，从思想上保证办学方向。群团组织要建立完善的活动申报、开展、评价机制，通过规范组织活动，提升"第二课堂"教育质量，充分发挥链接党和青年学生的桥梁纽带作用，主动参与到组织育人工作的第一线，并给予学生活动充分指导，提供一定的人力物力支持，保证共青团员的政治先进性。

（三）统筹资源调配，强化保障支撑

高校各类组织育人在党组织的领导下，要统筹联合各级各类组织育人资源，针对师生的不同需求，精准调配资源，为各类组织育人工作提供政策、经费、师资等方面的保障，以实现育人目标。在政策方面，要将组织育人工作作为完成立德树人根本任务的重要举措，建立健全行之有效的组织模式，为各类组织协同育人提供良好的生存发展环境，把组织育人工作融入青年学生成长成才的全过程。在经费方面，党委层面、院系党组织层面都需要为组织育人工作提供一定的经费保障，以支持各类组织创新育人活动形式，完善育人活动载体，打造富有吸引力和影响力的育人平台。在师资方面，高校教师作为开展组织育人工作的重要主体，教师的整体素质将对育人实效产生重要影响，要配齐配强思想政治教育工作队伍，通过将"引进来"和"走出去"相结合的方式不断提高教师素质。

（四）创新方式方法，促进目标达成

高校要主动顺应时代发展潮流，主动贴近学生，积极推动各类活动创新，开展形式丰富新颖、主题鲜明突出的学习教育。例如，支持和鼓励各类组织开通线上交流平台，借助微信公众号、网站等青年学生喜闻乐见的新型信息化手段做好思想引领工作，增强组织活力，提升育人效果。

第五章

未来与展望

　　"三全育人"综合改革肩负着基础教育、系统改革、协同育人的重要职能，契合着新时代教育发展的趋势，是培养党、国家和人民需要的社会主义高素质人才的创新举措。在推进"三全育人"综合改革的过程中，地方院校结合学校的实际情况，整合优化校内外的各种育人资源，形成了育人合力，也推动了育人工作再上新台阶。但是，仍需看到，"三全育人"不能脱离时代发展的阶段性，综合改革要充分考察其外部条件与现实挑战，切合内在需求，推进综合改革的科学构建。

一、地方院校"三全育人"综合改革的机遇

　　党的二十大报告将"教育、科技、人才"三位一体部署，强调"要坚持教育优先发展、科技自立自强、人才引领驱动，加快建设教育强国、科技强国、人才强国"①。明确了"加快

① 习近平：高举中国特色社会主义伟大旗帜 为全面建设社会主义现代化国家而团结奋斗［EB/OL］．新华网，2022-10-16.

建设教育强国。加快推进教育现代化"将是未来一段时期内我国教育改革发展的主要任务。2023 年 5 月 29 日，习近平总书记在主持中共中央政治局第五次集体学习时指出，"建设教育强国，龙头是高等教育"①。高等教育作为教育强国的龙头，要直面社会经济形态的深刻变化、利益关系的日益复杂、科学技术的加速发展，要实现从规模增长转向质量提升，势必要面向世界科技前沿、面向经济主战场、面向国家重大需求、面向人民生命健康，全面提高人才自主培养的质量。面对高期待、高关注的立德树人、人才培养的需要，思想政治工作也面临着一系列的机遇与挑战。例如，如何破解政府、社会、家庭、学校等相关利益主体间存在的育人力量分散、联动不够、衔接不足的问题？如何建立科学合理的评价机制，解决好激励与评价问题？又如，如何加强育人工作的系统性和协同性？如何明确育人职责与育人规范？正是针对立德树人、人才培养工作中存在的问题和短板，"三全育人"综合改革呼之欲出。

地方院校要想建设一流学科、成为一流大学，就要培育一流人才，从根本上坚持社会主义办学方向，在"为国家建设和地方经济社会发展培养、输送优秀人才，为人民服务，为中国共产党治国理政服务，为巩固和发展中国特色社会主义制度服务，为改革开放和社会主义现代化建设服务"上有新作为、新贡献。高校"三全育人"彰显国家教育现代化战略目标和根本

---

① 习近平主持中央政治局第五次集体学习并发表重要讲话［EB/OL］. 中华人民共和国中央人民政府网站，2023-05-29.

任务，"三全育人"所阐述的理念，是国家育人本位的体现；"三全育人"所开展的具体改革实践，是国家基础育人工程运行的具体化。①"三全育人"所提倡的"全员育人、全程育人、全方位育人"为地方院校人才培养指明了方向。地方院校不断深化"三全育人"综合改革，科学规划课程、科研、实践、文化等十大育人体系，引导广大青年树立远大理想信念，"帮助广大高校师生厚植爱国主义情怀，把爱国情、强国志、报国行自觉融入坚持和发展中国特色社会主义事业、建设社会主义现代化强国、实现中华民族伟大复兴的奋斗之中"②，在教育全领域坚持正确方向，建立健全立德树人系统化落实人才机制，全面提高人才培养能力，全面提升高校思想政治工作质量，这既是使命所系，也是发展所需。

二、地方院校"三全育人"综合改革的现实挑战

习近平总书记在全国教育大会上明确指出，"要把立德树人融入思想道德教育、文化知识教育、社会实践教育各环节，贯穿基础教育、职业教育、高等教育各领域，学科体系、教学体系、教材体系、管理体系要围绕这个目标来设计，教师要围绕这个目标来教，学生要围绕这个目标来学。凡是不利于实现

① 卜路平，周晓峰. 新时代高校"三全育人"的研究进路与改革展望 [J]. 周口师范学院学报，2021，38（2）：95-99.
② 习近平主持召开学校思想政治理论课教师座谈会强调：用新时代中国特色社会主义思想铸魂育人 贯彻党的教育方针落实立德树人根本任务 [N]. 光明日报，2019-03-19（1）.

这个目标的做法都要坚决改过来。"① "三全育人"综合改革，直指原有教育管理体制和人才培养体制的不足和弱项，对原有的育人体系提出了新的挑战，对地方院校的工作机制运行、评价机制操作等提出了新的挑战，也对育人理念、育人要素融合提出了新的要求。

一是地方院校现有的组织管理体系面临新的挑战。一体化铸魂育人体系，更加突出了育人结构的整体性，但对组织领导和条件保障上有更高要求。现有地方院校组织管理体系，直接涉及思政工作的二级单位，主要包括组织部、宣传部、统战部、教师工作部、学工部、研工部、团委等党群部门，人事处、教务处、招生就业处、财务处、后勤管理等相关行政部门，以及各二级院系。从体系上看，一定程度上育人工作的开展存在协同不足的情况，要实现一体化铸魂育人，还有较多努力空间。

二是地方院校育人评价机制面临新的挑战。评价关系着地方院校"三全育人"综合改革工作的激励、约束与导向。在思想政治教育工作与人才培养贡献的价值评价上有注重。但教师与人才评价基本与论文、帽子、职称、学历、奖项挂钩，未针对不同群体、不同岗位铸魂育人细化的职责要求和考核内容，师德师风、育人效度也缺乏定量考核与对应奖惩。离"扭转不科学的教育评价导向，坚决克服唯分数、唯升学、唯文凭、唯

---

① 习近平：出席全国教育大会并发表讲话［EB/OL］. 新华社，2018-9-10.

论文、唯帽子的顽瘴痼疾,从根本上解决教育评价指挥棒问题"的要求,存在差距。

三是地方院校育人要素融合面临新的挑战。思想政治教育工作与学科建设、教育教学、人才培养等具体工作是融合的而非分异的,与全体师生息息相关。一方面,育人应是全员职责与师生双向的。在"育学生"的同时,同样也"育教师"。要求强化全体教职员工的育人意识和育人职责,推动地方院校教师"坚持教育者先受教育,努力成为先进思想文化的传播者、党执政的坚定支持者,更好担起学生健康成长指导者和引路人的责任"。另一方面,育人应是立体的融合过程。包括统筹政府、社会、家庭、学校的全员、全程、全方位"三全育人"体系,包括课程育人、科研育人、实践育人、文化育人、网络育人、心理育人、管理育人、服务育人、资助育人、组织育人的十大育人体系,还包括德智体美劳全面培养"五育"并举的教育体系。但在具体思政工作与师生工作学习实际联系上还不够紧密,特别是在着力构建十大育人体系过程中,"有网络,没育人""有管理,没育人""重资助,轻育人"等现象经常发生。如,课程育人方面,思政与专业教学"两张皮"现象仍然存在,哲学社科、专业课程育人功能仍处于局部探索阶段;资助育人方面,在"三全育人"意识、资助育人效果及协同机制建设上存在不足。

222

三、地方院校"三全育人"综合改革的实践进路

随着时代新人培养问题越来越凸显，完善立德树人体制机制、探索构建一体化育人模式、形成更高水平的人才培养体系的需求越来越迫切，"三全育人"综合改革的重要性和紧迫性不言而喻。

（一）构建一体化的顶层设计

"三全育人"综合改革是一个复杂的、完整的系统工程。习近平总书记曾在全国教育大会上强调，思想政治工作是学校各项工作的生命线，各级党委、各级教育主管部门、学校党组织都必须紧紧抓在手上。① 因此，在"三全育人"综合改革过程中，要注重通过省级层面加强制度建设、建立长效机制，统筹协调政府、社会、家庭、学校各方面的育人责任，推动一体化的宏观治理体系的构建。一方面，深化简政放权、放管结合、优化服务改革，着眼加强对育人方向、标准、质量的规范引导，促进办学模式、管理体制、保障和评价机制等与人才培养机制改革相适应。把铸魂育人的实绩纳入大学内涵式发展、"双一流"建设和教学科研的评价体系和评估范围，努力营造治理有方、管理到位、风清气正的育人格局。另一方面，聚焦立德树人，激发地方院校与院系开展创新型人才培养的生机活

---

① 习近平在全国教育大会上强调：坚持中国特色社会主义教育发展道路 培养德智体美劳全面发展的社会主义建设者和接班人［N］. 人民日报，2018-09-11（1）.

力,深化"三全育人"综合改革试点高校与试点院系的体系改革试验有机结合、点面结合,精炼育人发展体系与培养逻辑,持续改善育人发展环境与培养载体。

(二)形成协同化的育人合力

地方院校"三全育人"综合改革要画好"同心圆",树立多元主体共同参与、共同治理的理念,立足融合机制建设,注重校内外资源整合,形成全员育人新格局,让教育主体更加多元。探索构建学校统一领导,以教务处、学工系统为核心,组织部、宣传部、统战部、教师工作部、人事处、教务处、招生就业处、财务处、后勤管理等所有党政部门单位紧密协同,各二级院系、各研究机构有效实施,政府、企业、社会、家庭、教职员工和校友广泛参与、协同协作、互联互通的"育人共同体"。坚持以学生为本,将管理人员、专任教师、党团干部纳入全员全方位全过程的教育主体,确保育人贯穿大一到大四全过程;坚持"教育、管理、服务"相结合原则,把握师生思想特点和发展需求,做好服务师生育人工作;坚持协同创新,完善"线上线下结合、课内课外一体、学校学院共管"的"大学工"联动机制。

(三)反映融通化的育人内容

地方院校"三全育人"综合改革要聚焦"三全育人"体系、十大育人体系和"五育并举"体系的建设与贯通。善于挖掘整合育人资源,将地情校情纳入学生思想政治教育工作提升的重要素材与主要来源,打通地方人才培养需求与育人质量进一步提升的绿色通道。一是积极鼓励"三全育人"与中华民族文化发展交融互鉴，引导广大学生在实现民族团结与进步教育的精神发展模式中，共同铸牢中华民族共同体意识。二是积极鼓励"三全育人"与本地红色文化发展交融互建，用好本地红色文化资源，引导学生在本地红色文化精神滋养中坚定文化自信。三是积极鼓励"三全育人"与先进文化发展交融互鉴，在智慧科技与人工智能的文化孕育中增长感悟，坚定新时代信息智能科技发展的决心。四是积极鼓励"三全育人"与校史校训校歌、校园环境的交融互建，融合校史、院史、学科史、课程、科研、实践、管理、服务、文化、组织，开发特色校园育人宝库，引导学生自觉律己修身、完善人格。

（四）强化可行化的育人评价

地方院校"三全育人"综合改革要"把立德树人的成效作为检验学校一切工作的根本标准"，强调好工作的督查考核与责任落实，把各项工作的重心和目标落在"三全育人"效果上，把"三全育人"职责与要求融入具体操作环节，突出硬约束与软指标的同向同行。对地方院校、各院系开展分类考核指导评价，将教育部"三全育人"建设标准与地方院校标准相结合，积极引入三方评价，建立具有可操作性的评价体系。从十大体系目标上具体明确落实情况，从"三全育人"综合改革的运行思路、团队打造、文化涵养等方面进行完善，进而确保评价体系的充分健全，资源整合、平台拓展、队伍夯实的充分完整。注重对学生在三全育人文化素养的养成与行为的转化方面的督查评价,不断完善针对学生的综合素质评价体系,让知识、能力和道德成为衡量学生的三大标尺,建立德育学分考核方式,建立第二课堂考试成绩单制度等。

(五)拓展创新性的育人路径

地方院校"三全育人"综合改革要更多关注学生的个性化成长需求,更加重视以学生喜闻乐见的方式创新性开展育人。一是适应融媒体时代的教育方式。微博、微信、短视频平台等是学生获取信息的重要载体,地方院校要更加重视运用融媒体等新技术,鼓励学生举办健康的网络文化活动,支持学生创新性开发有益的网络文化产品。依托视频教学平台,打造"金课",提供更多的育人渠道。二是搭建丰富的学习、科研、生活平台。更多关注学生的个性化成长需求,考虑不同专业、年级、层次学生的现实需求,主动搭建形式多样、充满人文关怀的学习、科研、生活平台,让学生在学习、生活、实践的每个环节都经受人格的熏陶和德行的淬炼,都获得修身律己、积极向上的鞭策和激励。如,构建"党建+"模式,打造红岩变革组织,将党建与志愿服务、暑期实践、"三下乡"、扶贫攻坚等活动结合起来,让大学生在社会洗礼中感受、理解和认同党和人民在长期实践中开辟中国特色社会主义道路的价值。

(六)推广落地化的育人成果

地方院校"三全育人"综合改革要强化对实践成果的提炼,进一步聚集创新要素与资源,强化校地、校政、校企等联系,辐射高等教育、基础教育,形成一批更加符合人才成长规律、打通育人各环节的育人实践模式。如，东北师范大学"大思政"模式，构建课程、网络、文化、学科、日常思政五维度；哈尔滨师范大学尝试实施"四大计划"，将铸魂高尚理想信念、奠基学科专业情志、提升实际实践能力、浸润育人思想文化；东南大学推动"三位一体"模式，将价值塑造、知识教育与学生能力培养的有机结合，形成协同效应等。

地方院校"三全育人"综合改革的不断深化，将在把学校事业发展的特色优势有效转化为培养社会主义建设者和接班人的能力水平的同时，更好地适应和满足学生成长诉求、时代发展要求、社会进步需求，培养出富有大学特色、符合人才培养目标、能够担当民族复兴大任的优秀人才。

参考文献

一、专著

[1] 陈明，张永斌．网络概论［M］．北京：北京理工大学出版社．2014．

[2] 张耀灿．现代思想政治教育学［M］．北京：人民出版社，2006．

[3] 中共中央马克思恩格斯列宁斯大林著作编译局．马克思恩格斯选集：第 3 卷［M］．北京：人民出版社，2012 年．

[4] 中共中央文献研究室．十二大以来重要文献选编［M］．人民出版社，1988．

二、期刊

[1] 陈思，王斌伟．中国高校"三全育人"研究回顾与展望：一个文献综述［J］．湖北社会科学，2021（8）．

［2］丁丹．新时代高校"三全育人"探赜：机理、问题与路向［J］．思想教育研究，2020（6）．

［3］冯刚，梅科．深刻把握新时代深化"三全育人"建设的内在规律："三全育人"综合改革试点工作实施五周年回顾［J］．青年学报，2023（3）．

［4］梁伟，马俊，梅旭成．高校"三全育人"理念的内涵与实践［J］．学校党建与思想教育，2020（4）．

［5］刘莹，王鉴．中国基础教育实践育人的内涵、特征与路径［J］．学术探索，2023（6）．

［6］王胜本，李鹤飞，刘旭东．构建新时代高质量服务育人体系［J］．中国高等教育，2021（17）．

［7］肖慧．基于协同思维的高校学生资助育人研究［J］．学校党建与思想教育，2021，（18）．

［8］徐世甫．网络育人：新时代高校思想政治教育新范式［J］．中国高等教育，2019（9）．

［9］杨晓庆．基于"三全育人"理念的高校心理育人实践［J］．学校党建与思想政治教育，2021（10）．

［10］张艳丽，张运良，成桢，等．高校课程育人价值实现的实践路径研究［J］．高教学刊，2021（31）．

三、论文

［1］何芸．高校文化育人保障机制研究［D］．贵阳：贵州大学，2022．

［2］武娜娜．高校思想政治教育"三全育人"研究［D］．石家庄：河北师范大学，2020．

四、报纸

［1］中共中央国务院印发《关于加强和改进新形势下高校思想政治工作的意见》［N］．人民日报，2017-02-28（1）．

五、其他

［1］长乐．人民日报：培养担当民族复兴大任的时代新人［EB/OL］．人民网，2017-12-08．

［2］胡硕利，张进．新时代高校"三全育人"实施路径探索［EB/OL］．中国网，2023-10-18．

［3］吴晓莹．探索三全育人理念融入高校立德树人的价值、原则和路径［EB/OL］．荆楚网，2023-09-14．

［4］习近平在北京大学考察［EB/OL］．中国政府网网站，2018-05-22．

［5］习近平在北京市八一学校考察时强调 全面贯彻落实党的教育方针 努力把我国基础教育越办越好［EB/OL］．中国政府网网站，2016-09-09．

［6］习近平在清华大学考察：坚持中国特色世界一流大学建设目标方向 为服务国家富强民族复兴人民幸福贡献力量［EB/OL］．中国政府网网站，2021-04-19．

［7］习近平在全国高校思想政治工作会议上强调：把思想政治工作贯穿教育教学全过程 开创我国高等教育事业发展新局面［EB/OL］.中华人民共和国教育部网站，2016-12-08.

［8］习近平在全国教育大会上强调：紧紧围绕立德树人根本任务 朝着建成教育强国战略目标扎实迈进［EB/OL］.中国政府网网站，2024-09-10.

［9］习近平在中国共产党第二十次全国代表大会上作报告［EB/OL］.中国政府网网站，2022-10-25.

［10］习近平在中国人民大学考察时强调：坚持党的领导 传承红色基因扎根中国大地 走出一条建设中国特色世界一流大学新路［EB/OL］.中国政府网网站，2022-04-25.

［11］习近平主持召开学校思想政治理论课教师座谈会［EB/OL］.中国政府网网站，2019-03-18.

［12］习近平主持中央政治局第五次集体学习并发表重要讲话［EB/OL］.中国政府网网站，2023-05-29.